KB057722

한국
군대의
탄생

조성환 지음

한국 근대의 탄생

개화에서 개벽으로

돌병 모시는사람들

숨은 주어 찾기

25년 남짓 동양사상을 연구하다가 최근에 우연히 알게 된 것은 우리가 쓰고 있는 개념들 중에 주어가 숨어 있는 것들이 의외로 많다는 사실이다. 가령 유학이라는 말에는 남성이라는 주어가 숨어 있다. 왜냐하면 적어도 19세기까지 유학의 주체는 전적으로 남성이었기 때문이다. 유학은 기본적으로 정치철학이나 공무원[官吏] 윤리로 출발하였고, 전통시대의 정치는 남성이 전담하고 있었기 때문에, 유학은 당연히 남성들의 것이었다. 『논어』나 『맹자』와 같은 유교 경전에 여성이 거의 등장하지 않는 것은 이 때문이다. 이것은 마치 미국의 프로야구 결승 리그를 '월드시리즈'라고 하지만 사실은 그 월드가 미국이라는 주어가 생략된 '(미국)월드', 즉 '미국시리즈'인 것과 마찬가지이다.

이 책에서 다룬 '근대'라는 개념 역시 마찬가지이다. 이 말에는 두 가지 불가분의 주어가 숨어 있다. 하나는 서구이고, 다른 하나는 이성이다. 즉 근대는 항상 서구적인 것이고, 그것은 이성 중심의 세계관을 의미한다. 이 책은 이런 숨은 주어에 이의를 제기하고 있다. 즉 이성이 아닌 영성, 서구가 아닌 비서구를 중심으로 근대를 생각하면 어떻게 될까를 고민해 본 결과이다.

그래서 '이성적 근대'에 대해서 '영성적 근대'라는 일견 모순되는 듯한 말을 사용해 보았고, '서구적 근대'에 대해서 '비서구적 근대', '토착적 근대', '자생적 근대', '한국적 근대'와 같은 개념들을 원용해 보았다. 이러한 작업을 하게 된 계기는 마치 전통적인 (남성 중심) 유학에 대해 '여성유학'이 새롭게 요청되듯이, 그래서 성의 균형이 맞는 '양성유학'이 필요하듯이, 근대 역시 이런 균형이 필요하다고 생각했기 때문이다.

그러나 가장 직접적인 계기는 역시 '동학'이었다. 1894년 동학농민혁명은 그 규모로 보면 지난 1987년의 민주화운동이나 2016년의 촛불혁명에 비견될 만한 역사적 사건이었다. 거기에 비하면 우리가 교과서에서 배운 척사파나 개화파의 움직임은 너무나 작아보였다. 특히 개화의 경우에는 일본의 그것에 비하면 턱없이 부족하고 뒤져 있다. 반면에 척사파는 시대가 요구하는 새로운 세계를 열기에는 역부족이었다.

반면에 동학은 개성이 있었다. 당시의 중국이나 일본에서는 동학과 같은 운동은 찾아보기 어렵기 때문이다. 이 역사적이고도 한국적인 사건을 우리는 어떻게 이해해야 할 것인가? 이것이 이 책에서 '토착적 근대'나 '영성적 근대' 개념을 사용하게 된 더욱 직접적인 계기이다. 즉 동학을, 그리고 그것에 이어서 나온 천도교나 증산교 또는 원불교와 같은 후동학을, 단지 역사적 사건이 아니라 사상의 차원에서 설명하기 위해서 이런 생소한 개념 틀들을 사용해 본 것이다.

토착적 근대나 영성적 근대에서 말하는 '근대'는 '조선과는 다른, 그러나 지금의 한국에는 가까운'이라는 의미로 사용하였고, 토착은 전통과 구분되는 개념으로 썼다. 가령 유교는 우리의 전통이지만 중국에서 전래되었다는 의미에서 토착은 아니다. 달리 말하면 자생은 아니다. 반면에 동학에서 말하는 하늘 관념은, 비록 한문으로 '天'으로 표현하였지만, 3세기의 중국 역사서에 묘사된 한반도 문화에 맞닿아 있다는 점에서 우리의 토착 관념이라고 할 수 있다(고대 한반도 부족국가들의 '제천행사'를 소개하고 있는 『삼국지』「위지」 동이전).

또한 '영성'은 이성이나 감성과는 대비되는 인간의 능력으로, '나를 넘어서는 경지를 추구하는 성향'을 의미하는 말로 사용하였다. 가령 전통시대 동아시아인들은 '도'를 추구하였는데, 도는 이성보다는 영성에 의해 도달되는 경지이다. 실제로 20세기 중엽의 일본의 불교학자인 스즈키 다이세츠는 불교에서 말하는 '무분별의 지혜'를 '영성'이라는 개념으로 설명하였다.

이 책은 이러한 실험적인 개념들을 과감하게 도입하여 기존의 서구 중심의 역사관과는 다른 한국철학사, 한국근대사상사를 써 보고자 하는 시도이다. 새로운 시도이니만큼 부족한 부분이 많으리라 생각한다. 독자 여러분의 애정어린 비판을 바랄 뿐이다.

또 하나 양해를 구해야 할 점은 저자의 사정상 완전히 새로 쓰지 못하고 기존에 『개벽신문』 등에 발표한 동학과 개벽 관련 글들을 편집하는 수준에서 머물렀다. 그냥 중간 보고 형태라고 이해해 주시면 감사하겠다.

마지막으로 이 자리를 빌려 꼭 감사의 마음을 표하지 않을 수 없는 선생님들이 계신다. 먼저 한국학에 대해 시야가 좁았던 나를 개벽종교의 세계로 안내해 주신 원광대학교 종교문제연구소의 박광수 소장님, 그리고 동학과 원불교학 연구에 매진할 수 있는 자리를 마련해 주신 원광대학교 원불교사상연구원의 박맹수 원장님, 이성에 사로잡혀 있는 나에게 영성의 차원을 일깨워주신 동양포럼의 김태창 선생님, 제3세계의 토착적 근대화 운동을 소개해 주신 학문적 도반 기타지마 기신 교수님, 『개벽신문』에 「한국학 어떻게 할 것인가」의 연재를 허락해 주신 도서출판 모시는사람들의 박길수 대표님, 마지막으로 자칭 '개벽파'라면서 항상 용기를 북돋

위주고 있는 『유라시아견문』의 저자 이병한 박사님에게 깊은 감사를 드린다. 이분들이 없었더라면 이런 작은 책도 나오지 못했을 것이다.

2018년 10월

조성환

개화에서 개벽으로

한국은 '어떤 근대'를 추구하였나? *

'근대'라는 번역어

'근대'(近代)라는 말은 직역하면 '가까운 시대'라는 뜻으로, 19세기까지의 동아시아 문헌에는 거의 등장하지 않는 개념어이다. 근대라는 말이 동아시아에서 주목받기 시작한 것은 서양어 'modern'의 번역어로 쓰이면서부터이다. modern은 서양인들이 자기들의 역사를 서술하기 위해 쓴 말로 'medieval(middle)', 즉 중세 다음에 오는 시기를 말한다.

modern의 어원은 'modernus'로, '지금의'(now) 또는 '새로운' (new)이라는 뜻이다. 따라서 modern은 서양인들이 중세와는 다른, 그리고 지금 시대와는 가까운(近), 그러면서 '새로움'이 등장한 시대를 지칭하기 위해 쓴 말이다. 그리고 그 새로움은 대개 과학혁

---

* 이 글은 『개벽신문』 제77호(2018년 8월)에 실린 글을 수정한 것이다.

명, 산업혁명, 시민혁명, 정교분리, 중앙집권, 자본주의, 개인의 등장 등으로 대변된다. 이것이 흔히 말하는 '서구적 근대성'(Western modernity)이다.

문제는 지난 1세기 남짓한 시간 동안 한국인은 서양인들이 새로움을 지칭하는 개념에 맞추어 자신의 역사를 서술해 왔다는 점이다. 즉 서양의 새로움을 기준으로 우리의 새로움을 발견하려 한 것이다. 그 과정에서 만들어진 것이 실학 담론이다. 실학은 서구의 modern과 같은 새로움을 우리의 역사에서 찾으려는 시도의 산물이다. 그 시도는 일찍이 1930년대에 조선학운동에서부터 시작되었다. 그러다가 점점 논의가 확장되어 1970년대에 이우성의 이른바 삼대실학파론(이용후생·경제치용·실사구시)이 교과서설로 채택되기에 이른다(지금 교과서에서는 '실사구시파'는 제외되었다).

그런데 이런 의미의 실학은 이미 19세기에 일본의 후쿠자와 유키치 등에서 단초가 보인다. 가타오카 류의 연구에 의하면, 후쿠자와는 서양의 과학(science)을 '실학'이라는 말로 표현하였다. 즉 '과학으로서의 실학' 개념을 제시한 것이다. 우리 국사교과서에서 조선후기의 사상가나 학자들을 '실학자'나 '실학파'라고 말할 때의 실학도 이런 의미를 크게 벗어나지 않는다. 기본적으로 조선후기에 나타난 학문이나 변화 중에서 서구 근대적인 것과 유사한 것을 실학이라고 지칭하기 때문이다.

그러나 조선왕조실록을 검색해 보면 실학보다는 '실심'(實心)이라는 말이 더 빈번하게 거론된다. 따라서 조선후기의 유학자들 사이에서 일어나던 새로움의 실상을 찾으려고 한다면 실학보다는 실심에 주목해야 한다. 그래서 오가와 하루히사나 정인재는 조선후기의 실학은 단순한 '실용실학'이 아니라 실심이 동반된 '실심실학'이라고 주장하였다.

이처럼 조선후기에 실심이 화두가 된 이유는 당시의 유학자들이 서구적 근대를 지향하기보다는 약화된 유학의 실천성[實]과 진정성[實]을 강화하려 했기 때문이다. 제 아무리 실학자라고 해도 유학까지 부정한 것은 아니다(홍대용의『의산문답』같은 일부의 경우는 예외로 하더라도). 실제로 시간이 지나면서, 소위 '실학파'는 조선 성리학으로부터의 탈피가 아니라 그것의 연장선상에 놓여 있다는 견해가 늘어나고 있다. 그러나 유학을 고수하는 이상 조선과는 다른 근본적인 새로움을 기대하기는 어렵다. 그렇다면 조선후기의 새로움은 어디에서 찾을 수 있을까?

한국의 근대성

우리가 '서구 근대'라는 주술에서 벗어나서, 서구 근대가 추구하고자 했던 냉철한 이성을 되찾는다면, 우리의 새로움이 서양의 새로움과 꼭 같을 필요는 없다는 사실을 깨닫게 된다. 가령 서양의 새로움(근대)의 하나로 제시되는 중앙집권관료제는 이미 조선시대 초기부터 시행되었다. 그리고 기회의 평등 개념도, 비록 한계는 있었지만, 과거제라는 제도를 통해서 구현되었다. 따라서 이런 것은 우리에게는 전혀 새로운 것이 아니다. 한편 반대의 경우도 상상해 볼 수 있다. 가령 서양에서는 정교분리가 근대의 새로운 현상이었지만, 한국에서는 기존의 정교일치를 강화하는 방식으로 조선시대와는 다른 새로움을 추구하려 했다는 식으로-.

그렇다면 '근대'와 같은 번역어로서가 아니라 한국인들 자신이 추구한 새로움을 표현한 말은 없을까? 조선과는 다른 새로운 시대를 제창한 용어는 없을까? 그것이 바로 '개벽'이다. 개벽은 19세기 말의 조선 민중들이 유학적 세계관과는 다른 '새로운(modern) 세계를 열자[開闢]'는 의미로 사용한 말이다. 즉 하나의 사상운동이자 이상세계를 표방하는 슬로건이었다. 또한 개벽을 주창한 이들이 추구한 새로운 세계관이 지금 우리가 살고 있는 세계와 시기적으로나 내용적으로 '가깝다[近]'는 점에서 - 가령 동학의 만민평등 사상이나 천도교의 (개벽사상을 바탕으로 한) 문명개화운동 또는 원불교의 생활 속의 종교운동 등 - 개벽이 주창되기 시작한 시기를 modern, 즉 근대라고 부를 수 있다. 이런 의미에서 1860년 동학의 탄생은 한국적 근대의 시작이라고 해도 과언이 아니다. 그리고 이 운동에 천도교를 비롯하여 증산교, 원불교 등이 일제히 '개벽'을 외치며 동참하였다. 이른바 '개벽파'가 탄생한 것이다.

한국적 근대의 특징은, 미야지마 히로시도 지적하였듯이,[1] 유학과의 긴장 속에서 탄생되었다는 점이다. 이것은 서구적 근대가 중세와의 긴장 속에서 탄생한 것과 대비된다. 즉 한국적 근대는 유교적 질서와는 다른 새로운 질서를 모색한 데에서 시작되었다. 유교적 질서의 특징은 모든 가치가 '성인'의 가르침[教]에서 나온다는 점이다. 이에 반해 동학을 비롯한 개벽종교[2]는 가치의 중심을 중국의 '성인'에서 한국의 '민중'으로 이동시켰다. 철학의 근원을 어느 한 사람에게 집중시키지 않고 모든 이들에게 분산시킨 것이다. 공공철학적으로 말하면 '철학을 공공(公共)하였다'고 할 수 있다.[3] 그

---

1 원광대학교 원불교사상연구원 제12차 콜로키엄 발표: 미야지마 히로시, 「유교적 근대론과 한국사 연구」, 2018년 5월 25일.
2 여기에서 '개벽종교'란 일제강점기 전후에 탄생한 동학·천도교, 대종교, 증산교, 원불교를 가리키는 말로, 이들은 하나같이 "새로운 세상을 연다"는 의미에서의 '개벽' 개념을 공유하고 있었다는 점에서 '개벽종교'라고 명명할 수 있다(대종교의 경우에는 '개천'(開天)). 실제로 최근에 원광대학교 원불교사상연구원에서 간행된 『근대 한국 개벽종교를 공공하다』(모시는사람들, 2018)에서는 '개벽종교'라는 개념을 사용하고 있다.
3 19세기까지의 동아시아 문헌에서 '공공'(公共)이란 말은, 사마천의 『사기』에 처음 나온 이래로, "모두가 공유한다"는 의미의 동사로 쓰였다. 이에 대해서는 김태창, 『공공철학대화』, 모시는사람들, 2017을 참고하기 바란다.

래서 한국에서는 처음으로 '독자적인' 세계관과 인간관 그리고 수양론을 만들고, 그것을 자신들의 '경전'에 담아낼 수 있었다.

그런 의미에서 개벽은 중국으로부터의 철학적 독립 선언에 다름 아니다. 신라시대 이래로 성인은 항상 중국에 있었고, 그 중국에 있는 '성인의 가르침'[聖敎]을 배우고 학습하는 '학이시습'(學而時習)이 한국 철학의 주류였기 때문이다(해방 이후에는 그 대상이 서양으로 바뀌었지만-). 반면에 동학은 누구든 내 안의 하늘님을 자각하기만 하면 하늘같은 사람[天人]이 될 수 있다는 민중 중심의 인간관을 제시하였다. 이제 한문을 모르는 민중들도 수양을 할 수 있고, 하늘이 될 수 있게 된 것이다.

그런 의미에서 개벽은 단순한 '고대-중세-근대'의 역사적 시대 구분을 넘어서 문명 전환의 의미를 담고 있다. 마치 그리스도교에서 역사를 예수 이전과 예수 이후로 나누듯이, 개벽파는 19세기 후반에서 20세기 초반까지를 조선 문명의 대전환기로 인식한 것이다. 그것은 사상적으로는 성인(聖人)의 교화에서 민중의 자각으로, 사회적으로는 서열화된 신분사회에서 차별 없는 평등사회로, 정치적으로는 교화의 대상으로서의 민중에서 변혁의 주체로서의 민중으로의 전면적인 대전환을 의미한다.

이들 개벽파가 추구한 나라의 모습은, 동양포럼 김태창 선생의 표현에 의하면, 개화파와 같은 서구적인 '국민국가'가 아닌 '공공세계'이다.[4] 이 공공세계의 특징은 민중이 중심이 되어 자연과 인간이 조화되는 생명과 평화 그리고 평등의 사회를 지향한다는 것이다.

이것이 개벽파의 근대성이자 한국의 근대성이다. 그리고 이들이 전개한 생활 속의 새로운 삶을 실천하는 운동이 개벽파의 근대화 운동이자 한국 민중의 아래로부터의 근대화 운동이었다.

이웃 나라, 다른 근대

2018년 8월 15~16일에 원광대학교에서는 '근대 한국종교의 토착적 근대화 운동'이라는 주제로 국제학술대회가 열렸다(원불교사상연구원 주최). 대회에 앞서 김태창 선생은 주최 측인 원불교사상연구원에 『왜 중국과 한국은 근대화되지 못하는가?』(なぜ中国·韓国は近代化できないのか)라는 일본의 신간 서적을 기증하셨다. 사실 이런 질문은 비단 일본인뿐만 아니라 필자가 대학원에 다닐 때부터 선배학자들에게서 귀가 따갑도록 들은 말이다. 조선 성리학 때

---

4 2018년 8월 16일 원불교사상연구원 학술대회「근대 한국종교의 토착적 근대화운동」에서 야규 마코토의 발표「다나카 쇼조의 토착적 근대화 운동」에 대한 코멘트.

문에 근대화에 뒤졌다거나, 임진왜란 때 조선이 망했어야 한다거나, 실학이라는 근대의 맹아가 있었는데 식민지가 되는 바람에 실현되지 못했다거나, 등등.

이번 학술대회는 실로 이런 물음에 대한 하나의 답으로 준비된 자리였다. 결론부터 말하면 한국에서는 일본과 같은 '개화적 근대화' 대신에 '개벽적 근대화'를 추구했다는 것이다. 개화적 근대화가 이성과 국가 중심의 근대화였다고 한다면, 개벽적 근대화는 영성과 민중 중심의 근대화이다. 그래서 비록 한국이 개화적 근대화에는 뒤졌을지 몰라도, 개벽적 근대화로는 동아시아에서 제일 앞섰다고 할 수 있다.

그렇다면 우리는 『왜 중국과 한국은 근대화되지 못하는가?』의 저자들에게 오히려 이렇게 반문할 수 있다: "왜 일본은 개벽적 근대화를 하지 못했는가?" 이에 대해 김태창 선생의 공공철학 식으로 답한다면 "일본은 공(公)이 너무 강해서 공공(公共)이 말살되었기 때문이다"라고 말할 수 있다.

우연한 만남들

이러한 '답'은 결코 쉽게 주어진 것은 아니었다. 여기까지 오기에는 실로 많은 분들의 집단지성을 필요로 했다. 먼저 '토착적 근대' (indigenous modernity)라는 개념을 처음 제시한 일본의 기타지마 기신 명예교수는 3~4년 전에 원광대학교 종교문제연구소와 교류 하는 과정에서 이 개념을 착안하였다. 2015년에 인도나 아프리카 또는 파키스탄 등지에서의 토착문화와 근대성을 연구한 『토착과 근대』라는 공동논문집의 필자로 참여하신 적이 있는데, 이 책을 소개하면서 박광수 종교문제연구소 소장 및 필자와 대화하는 과 정에서 '토착적 근대' 개념을 생각해 낸 것이다.[5] 인도나 아프리카 에서 서구 근대의 도전에 대해 토착문화를 바탕으로 새로운 세계 를 모색한 움직임을 '토착적 근대'라고 명명해 보자고-. 이처럼 기 타지마 교수가 일본이 아닌 한국에서 토착적 근대 개념을 생각하 게 된 것은 일본은 한국에 비해 토착적 근대의 사례가 드물기 때문 이었다.

한편 비슷한 시기에 김태창 선생은 일본에서 돌아와 국내에서 활동하면서부터 '영성'(靈性)에 주목하기 시작하였다. 2015년에 서 울대학교와 외국어대학교 등을 중심으로 영성을 주제로 강연회 를 한 것을 비롯하여, 일본의 『미래공창신문』이나 한국의 『개벽신 문』 등에 영성을 중심으로 한국철학, 특히 동학을 다시 읽어야 한

---

5 기타지마 기신, 「토착적 근대란 무엇인가」, 『개벽신문』 58호, 2016.09.

다는 관점을 제시하였다.[6] 그리고 2016년에 두 분이 필자의 소개로 청주에서 만나 대담을 하였고,[7] 그 후 김태창 선생이 기획한 '영성'을 주제로 한 동양포럼에 기타지마 기신 교수가 초대되어 근대일본 불교의 상징적 인물인 스즈키 다이세츠의 영성론을 발표하였다.[8]

영성과 근대

이 학술대회의 키워드 중의 하나인 '영성적 근대'라는 관점은 양자의 결합에서 자연스럽게 도출되는 개념이다. 즉 동학이 토착사상을 근대화했다는 점에서 한국의 토착적 근대의 대표적인 사례이고, 그 동학을 영성의 각도에서 읽어야 한다면, 토착적 근대의 특징은 이성 중심의 근대가 아니라 영성 중심의 근대였다는 결론

---

6 『미래공창신문(未來共創新聞)』 24호. 2015년 6월호. 한글 번역은 〈한일학자간 영성개신 철학대화〉, 『개벽신문』 62호(2017년 9월호), 63호(2017년 10월호).
7 〈동아시아의 평화로운 미래 위해 과거 역사 마주하고 대화해야 : 기타지마 기신 일본 욧카이치대학 명예교수 인터뷰〉, 『동양일보』, 2016년 10월 23일.
8 기타지마 기신, 〈스즈키 다이세츠의 영성론과 현대적 의의〉, 『동양일보』, 2017년 8월 13일. 이에 의하면 스즈키 다이세츠는 그의 저서 『일본의 영성화』 (1947) 등에서 불교에서 말하는 '무분별의 인식', 즉 지혜를 영성으로 규정하고 있다.

에 도달하기 때문이다.

실제로 기타지마 기신 교수는 이런 점에 착안하여 아프리카의 토착적 근대를 영성의 측면에서 새롭게 접근하였고, 나아가서 한국 영화 「귀향(鬼鄕)」도 영성의 시각에서 분석하였다. 이 외에도 교토대학의 한국학 연구자이자 김태창 선생과 교토포럼 및 동양포럼에서 오랫동안 학문적 교류를 해 온 오구라 기조 교수는 작년에 출간한 『朝鮮思想全史』(ちくま新書, 2017)에서 '영성'으로 한국사상사를 새롭게 해석하는 시도를 하였다. 원효-퇴계-동학 등을 학파나 시대를 넘어서 신라적 영성 또는 한국적 영성의 표출로서 이해하는 것이다.

이와 같이 영성이라는 안경으로 동아시아사상사를 재해석하는 작업은, 유동식이나 이은선과 같은 일부 신학자들을 제외하고는 적어도 철학 분야에서는 거의 시도된 적이 없었다. 영성은 항상 서구 근대적 이성의 그늘에 가려 비이성적이거나 신비적인 것으로 치부되어 정식으로 인정받지 못했기 때문이다. 그런 의미에서 철학사에 영성의 자리를 마련해 준다는 것은 그 의미가 매우 크다. 이성의 결여라는 부정적인 의미가 아니라 영성의 발휘라는 긍정적인 의미를 부여할 수 있기 때문이다. 더군다나 개벽파에서 볼 수 있듯이, 한국인들이 영성을 추구하는 성향이 강한 사람들이라면 더 말할 나위 없을 것이다. 그런 의미에서 김태창 선생이 제기

한 '영성'이라는 관점은 한국철학사, 더 나아가서는 동아시아사상사를 서구 근대라는 색안경을 제거하고서 있는 그대로 볼 수 있는 획기적인 제안이라고 생각한다.

생각해 보면 중국철학이나 동양사상을 얘기할 때 단골처럼 등장하는 천인합일(天人合一)의 경지는 결코 이성으로는 도달될 수 없는 영역이다. 그렇다면 그것을 영성의 차원이라고 부를 수 있지 않을까? 물론 당사자들은 영성이라는 말 대신에 '덕'(德)이나 '불성'(佛性) 또는 '도성'(道性)과 같은 개념을 썼지만, 이것들을 통틀어서 '이성'과 대비되는 '영성'이라고 표현할 수 있다.

다만 영성이라는 말이 또다시 서구 근대라는 틀에서 이해되어 그리스도교적 '신성'이나 '종교성'과 같은 의미로만 간주된다면 혼란스러워질 것이다. 여기서 말하는 영성은 동아시아의 전통에서 보면 덕성(德性)에 가깝다. 가령 유학에서 말하는 통치자의 덕성은 종종 '도덕적 카리스마'로 설명되곤 하는데, 이때의 카리스마는 사람들을 자발적으로 복종시키는 영적인 힘(psychic power)[9]으로, 결코 이성적인 능력을 말하는 것은 아니다. 또한 노자가 『도덕경』에서 "도는 낳고 덕은 기른다"(道生之, 德畜之)고 할 때의 우주적 덕성

---

9 데이비드 니비슨 지음, 김민철 옮김,『유학의 갈림길』, 철학과현실사, 2006, 63쪽.

이나, 그것을 내 몸에 체현한 우주적 생명력으로서의 덕성도 영성으로 분류할 수 있다. 그래서 동아시아 전통에서 말하는 영성은 기본적으로 '우주적 영성'을 가리킨다(천도교나 한살림에서는 이것을 '우주생명'이라고 하였다). 천인합일이란 우주와의 합일에 다름 아니고, 그것은 우주적 영성의 차원에서의 하나됨을 말한다. 개벽파가 개화파와 결정적으로 달랐던 점은 이런 우주적 영성을 견지하면서 서양의 도전에 대응하고자 했다는 점이다.

집단지성의 산물

한편 토착적 근대와 영성론이 대두되기 시작한 시기보다 약간 앞선 2014년에 역사학자 이병한은 '개벽파'라는 말을 처음으로 사용하였다. 유라시아를 여행하면서 『프레시안』에 연재 중이던 견문기에서 동학을 개화파와 대비시켜 '개벽파'라고 명명한 것이다.[10] 그 후 이병한은 원불교까지를 개벽파의 범주에 포함시켰다.[11] 그와 다른 경로로 필자도 2017년 1월에 원불교사상연구원에

---

10 이병한, 〈동학은 '농민 전쟁' 아닌 '유학 혁명'이다! [동아시아를 묻다] 2014: 갑오년 역사 논쟁〉, 『프레시안』, 2014.01.20.
11 이병한, 〈脫중국 쇄국정책? 망국의 첩경이다: [유라시아 견문] 逆세계화, 新세

서 있었던 콜로키움에서 개벽파라는 용어를 처음으로 사용해 보았다.[12] 그 주된 근거는 동학-천도교-증산교-원불교가 모두 의식적으로 '개벽'이라는 개념을 공유한다는 사실이었다.

실제로 원불교경전에는 '최제우-강증산-박중빈'을 하나로 묶어서 말하는 대목이 나온다. 원불교 창시자인 박중빈의 제자가 이 세 명은 마치 날이 점점 밝듯이 차례대로 개벽하였다고 말한 것이 그것이다.[13] 이 대화가 원불교가 창시된 1910년대에 있었다는 점을 감안하면 이미 이때에 '개벽파'라는 인식이 어렴풋이 있었던 셈이다.

그 후에 원광대학교 김홍철 교수가 1988년에 '천도교-증산교-원불교'를 비교하는 박사학위논문을 썼는데, 비록 개벽파라는 말은 쓰지 않았지만, 개벽파에 관한 선구적인 연구라고 할 수 있다. 그러나 그럼에도 불구하고 선행연구에서 과감하게 '개벽파'나 '개벽적 근대'라는 말을 하지 못했던 것은 역시 서구 근대라는 틀에 갇혀 있었기 때문일 것이다. 즉 '학파=철학', '근대=철학'이라는 도식이 머릿속에 암암리에 들어 있어서, 종교의 형태를 띤 운동은 학파

계화, 眞세계화),『프레시안』, 2017.03.24.
12 이때 발표한 원고는 이후에「동학이 그린 공공세계」라는 제목으로『근대한국 개벽종교를 공공하다』(모시는사람들, 2018)에 실렸다.
13 『대종경(大宗經)』「제6 변의품(辨疑品)」32장.

나 근대로 평가하기 어려웠던 것이다.

한편 이번 학술대회를 준비한 원광대학교 원불교사상연구원은 2016년부터 '개벽종교의 공공성'을 주제로 6년간 대학중점연구소로 선정되어 개벽종교에 관한 학제간 연구를 진행하고 있다. 철학, 역사학, 종교학, 정치학 등 다방면의 전문가들이 모여서 동학에서 원불교에 이르는 한국종교를 서구적 공공성과는 다른 동아시아적 공공성, 한국적 공공성의 측면에서 연구하는 것이다. 특히 매주 수요일에는 원장인 박맹수 교수를 중심으로 개벽종교의 경전과 문헌들을 강독하는 공부모임을 진행한다. 오랫동안 한학을 해 오신 김봉곤 연구교수는 한문원전을 한글로 번역하고, 야규 마코토 연구교수는 일본 고문헌을 한글로 번역하며, 동학 연구의 권위자인 박맹수 교수는 관련 사항을 해설하고, 필자는 논의된 내용들을 정리하여 『개벽신문』에 싣는 일을 한다. 이런 협업의 결과가 이번 학술대회에도 그대로 반영되었다.

이번 「근대 한국종교의 토착적 근대화 운동」 학술대회는 이상의 학문적 축적과 우연한 인연들이 한곳에 응집된, 말 그대로 '집단지성의 장'이었다. 무엇보다 서양에서 수입한 이론이 아니라 한일의 연구자들이 머리를 맞대어 생각해 낸 자생적 이론을 소개하고 토론하는 자리였다. 세대적으로도 40대, 50대, 60대, 70대, 80대가 골고루 발표를 하였고, 분야 또한 제각각이었다. 청중들의 반응

은 필자가 참여한 그 어떤 학술대회보다도 좋았고, 매스컴에서도 정식으로 다루어 주었다.[14]

그러나 이것은 어디까지나 시작에 불과할 뿐이다. 부디 여기에서 멈추지 말고 앞으로도 우리 역사와 사상을 우리 시각에서 볼 수 있는 독자적인 '관점'을 찾아 연구하고 소개하는 학문적 노력이 계속되기를 바란다.

14 최원형, 「'서구적 근대' 넘어설 '토착적 근대'에 주목해야」, 《한겨레신문》, 2018.8.16.

제1부
한국학으로서의
동학*

*   이 글은 2016년 10월 20일에 진도 철마도서관에서 진행된 한일공동학술대회 〈진도 동학농민혁명의 동아시아적 의미와 그 위상〉에서 발표한 「'사상'으로서의 동학」을 수 정한 것이다. 일본의 대표적인 동학연구자들이 한자리에 모인 영광스런 자리에 발표 기회를 주신 원광대학교 박맹수 교수님에게 이 자리를 빌려 깊이 감사드린다.

서장: 우리의 인식을 가로막는 것들

이 글은 '사건'으로서가 아니라 '사상'으로서 동학을 이해하고자 하는 시도이다. 종래의 동학 연구는 거의 대부분 역사학자들에 의해 '농민전쟁'이라고 하는 역사적 사건을 중심으로 진행되어 왔다. 그 결과 동학의 사상적 의미나 철학적 함의에 대한 연구는 상대적으로 소홀해진 감이 있다.

물론 철학이나 종교 분야에서도 동학을 다루기는 했지만, 동학을 '한국사상사'라는 거시적인 지평 위에 올려놓고 그것의 사상사적 의미를 규명하는 연구는 아직 본격적으로 시도되지 못하고 있다. 그래서 논의가 동학 내부나 그 주변에만 머물러 있는 느낌이다. 이러한 연구 경향의 대표적인 결과가 동학은 '유불도 삼교의 절충'이라는 소극적 평가이다. 이것은 현대학자들이 '동'(=한국)을 표방한 사상에서 '동'(=한국)의 특징을 찾아내지 못하고 있음을 의미한다.

이러한 문제점의 원인으로는 대략 다음 네 가지를 들 수 있다.

우선, 한국학계에서의 '한국학' 부재 현상이다. 한국사상을 분석하는 시각 자체가 처음부터 중국적이거나 서구적이어서 달리 한국학이라고 부를 만한 관점을 제시하지 못하고 있다. 뿐만 아니라 연구 분야도 지나치게 조선시대 유교문화에 집중되어서, 유교적 시각에서 동학을 바라보는 연구가 동학에 대한 이해를 방해하고 있다.

두 번째는 한국학계에서의 '사상사'의 부재이다. 학문 방법이나 분야가 근대적인 철학이나 종교 또는 역사로 나누어져 있어서, 이것들을 아우르는 사상사 분야가 확립되어 있지 않다. 그 결과 '학파' 중심으로만 사상사를 이해하거나, 역사적 사건이나 철학적 범주라는 틀에 들어오지 않는 사상의 영역에 대한 고려가 부족하다.

세 번째는 '근대'에 대한 서구 중심적 인식이다. 즉 근대화를 곧 서양화로 이해하여, 거의 모든 역사를 서구적 근대를 기준으로 서술하고 있다. 그 결과 당시 한국인들이 추구했던 '비서구적 근대'에 대한 인식과 평가가 인색하다. 동학 역시 이러한 관점에서 서구적 근대에 의해 좌절된 '전근대적 저항'으로만 이해되고 있다.

마지막은, 위의 세 가지 원인의 결과라고도 할 수 있는 '민중사상사'의 부재이다. 동학의 용어로 말하면 민중 중심의 '개벽'이 아닌 지식인 중심의 '개화' 편에서 사상사를 바라보는 것이다. 이러한 연구 경향의 결과, 동학은 아직까지 한국사상의 영역으로 본격적으로 편입되지 못하고 있는 실정이다. 이 책에서는 이러한 문제의식 하에 동학을 '한국학'이라는 넓은 지평 위에 올려놓고 역사적 '사건'이 아닌 한국의 '사상'으로서 조망해 보고자 한다.

　동학을 사상으로 접근하고자 할 때 주목해야할 키워드는 '하늘'과 '생명'이다. 왜냐하면 동학은 전통적인 하늘 개념을 생명으로 재해석하여 새로운 세계를 열고자 한 생명운동이기 때문이다. 그래서 이하에서는 이 두 개의 키워드를 중심으로 동학을 사상의 관점에서 고찰하고자 한다.

제1장/ 동학의 하늘사상

동학의 사상적 특징, 그중에서도 특히 한국적인 특징을 드러내고자 할 경우에 중국과의 비교는 피해갈 수 없다. 그 이유는 19세기까지 한국사상은 중국사상의 압도적인 영향 하에 있었기 때문이다. 그러나 바로 그렇기 때문에 이 한중 사상의 비교 작업은 대단히 어려우면서도 동시에 그 의미가 크다. 무엇보다도 한국사상사의 서술과 직결되는 문제이기 때문이다. 이 장에서는 이러한 문제의식 하에 '하늘' 개념을 중심으로 중국사상과는 다른 한국사상의 특징을, 그중에서도 특히 동학사상의 특징을 살펴보고자 한다.

1. 중국의 도학(道學)

내가 생각하기에 중국사상의 특징을 한마디로 한다면 '도학'(道學)이라고 규정할 수 있다. 서양학문의 바탕에 신 중심의 신학과 이성 중심의 과학이 있었다고 한다면, 중국학문의 근저에는 '도'를 정점으로 한 '도학'이 있었다. 그래서 서세동점의 시기나 오늘날의 동서비교철학에서 중국을 대표하는 개념은 언제나 도가 담당하였다.

도는 중국철학의 시작을 알린 제자백가가 제시한 궁극적인 범주로, 그것의 원초적인 의미는 길(way)이다. 여기에서 의미가 더 확장되어 자연의 질서(order)나 원리(principle) 또는 성인의 지침(guidance)이나 규범(norm), 더 나아가서는 철학(philosophy)이나 세계관(world view) 등을 나타내기도 한다. 가령 유학이나 유교는 유도(儒道)로, 불학이나 불교는 불도(佛道)로 표현되었다. 그래서 도를 파악하는 것이야말로 학문의 최고 단계이고, 도에 이르는 것이 곧 인생의 최고 경지로 간주되었던 것이다. 득도(得道)나 도통(道通) 같은 개념은 이런 의미를 담고 있다.

흔히 중국사상의 특징을 나타내는 말로 자주 인구에 회자되는 천인합일이라는 어구도 실은 도와의 일치를 의미한다. 왜냐하면 이때의 천은 이미 도로서 파악된 천이기 때문이다. 이러한 사실은 『중용』이나 『장자』와 같은 제자백가의 문헌에 나오는 천도 개념으로부터 추측할 수 있다. 천이 천 그 자체로서보다는 도(질서)로 파악된 '천'으로 이해되는 것이다. 훗날 성리학에서 사용되는 합리(合理)[1]라는 말 역시, 천인합일이 의미하는 바가 실은 '리'와의 일치

---

1 '합리'라는 말은 『맹자집주』「양혜왕(하)」에서의 '낙천'(樂天)과 '외천'(畏天)에

임을 말해준다.

2. 한국의 천학(天學)

내가 알기로 '천인합일'이라는 표현을 즐겨 쓴 사람들은 오히려 조선의 성리학자들이었다. 여말선초의 유학자 권근이 쓴 「천인심성합일지도(天人心性合一之道)」가 대표적인 예이다. 이것은 대단히 주목할 만한 사건이다. 왜냐하면 중국의 성리학에서는 "天은 곧 理이다"(天卽理)라는 명제 하에 천이 리로 치환되면서 격물치지(=사물의 이치에 대한 궁리)가 강조되는 추세였는데, 이러한 리학을 받아들인 권근에게는 여전히 천이 중심 주제로 살아 있기 때문이다. 그리고 리가 아닌 천을 도덕적 수양의 가장 근원적인 토대로 보고 있기 때문이다.

또한 권근의 「천인심성분석지도」에서는 천이 리의 요소를 포함하면서도 그것으로는 전부 환원되지 않는 '가장 큰(大) 하나(一)'로

대한 주자(1130-1200)의 주석에 다음과 같이 나온다: 天者理而已矣('천'이란 리일 뿐이다). 自然合理 故曰樂天(저절로 그러하게 리에 부합되기 때문에 '낙천'이라고 한다). 不敢違理 古曰畏天(감히 리에 어긋나려 하지 않기 때문에 외천이라고 한다).

여겨지고 있다(天爲一大). 이것은 아마도 한국어의 '하늘' 개념에 내포되어 있는 종교적이면서 초월적인 요소를 표현한 것일 것이다. 즉 인간이 이해하고 파악할 수 있는 가지적이고(intelligible) 우주론적인 질서로서의 리와는 달리, 하늘은 불가지적이면서도(unintelligible) 인격적인 '가장 큰 지평'을 나타낸다. 그래서 그것은 탐구[窮理]의 대상이 아니라 외경[敬天]의 대상으로 여겨졌다.

반면에 성리학의 리는, 도리라는 말로부터도 유추할 수 있듯이, 도의 윤리적 성격이 강조된 개념이다. 그런 의미에서 성리학의 다른 말이기도 한 리학은 도

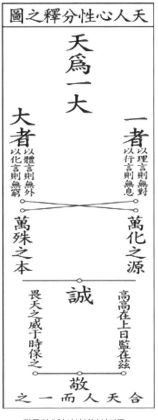

권근의 「천인심성분석지도」

학의 연장선상에 있다. 여기에서는 천이 리의 하위에 있거나, 기껏해야 리의 다른 표현으로 이해된다. 이처럼 리가 천에 앞선다는 점

에서는, 노자가 말하는 "도는 상제에 앞서 있다"[2]는 사상과 일맥상통한다. 여기서 상제는 세계를 주재하는 하느님 같은 존재를 말하는데, 도가 하느님보다 앞서 있다는 생각 역시 도학 전통의 일환으로 이해할 수 있다.

이에 반해 권근이나 한국사상사에 보이는 천은 도나 리를 포함하는 보다 궁극적 범주로 설정되고 있다. 이 책에서는 이러한 사상적 경향을 도학에 대해서 천학이라고 부르고자 한다.[3] 그리고 천학을 중국사상과 대비되는 한국사상의 가장 두드러진 특징으로 보고자 한다.

추상적인 리보다도 인격적인 천을 강조하는 천학적 경향은 성리학자인 퇴계 이황에게서도 반복된다. 그는 제자와의 문답에서 리를 인격적인 상제로 치환하여 표현한 적이 있는데,[4] 여기서 상제는 당시의 한국어인 하느님의 한자어 표현으로 추측된다. 유사하게 『지봉유설』의 저자 이수광은 "리가 있는 곳은 하늘이 있는 곳이다"(理之所在, 卽天之所在也)라고 하면서 하늘을 본받고 공경하여

2 象帝之先(도는 상제보다 앞서 존재하는 것 같다) (『도덕경』 제4장)
3 조성환, 「천학에서 천교로-퇴계에서 동학으로 천관의 전환」, 서강대학교 철학과 박사학위논문, 2013.
4 蓋天卽理也. 苟知理之無物不有, 無時不然, 則知上帝之不可須臾離也.(대저 天은 곧 理를 말한다. 리가 모든 사물에 들어 있고 매 순간 작용한다는 것을 알면 상제로부터 잠시도 떠날 수 없음을 알 것이다.) (『李子粹語』 제3편 「窮格」)

도를 실천하고 일을 처리할 것을 말하는데,[5] 이 역시 퇴계와 마찬가지로 리를 하늘로 치환하면서 경천을 강조하는 대표적인 예이다. 이것은 중국의 주자학에서 리가 천을 대체하는 경향이 강했던 반면에, 한국에서는 적어도 양자가 동일시되거나 아니면 천이 리의 바탕에 있음을 말해 준다.

뿐만 아니라 퇴계를 비롯한 조선의 성리학자들이 즐겨 쓴 '대월상제'(對越上帝)라는 표현 역시 한국의 천학적 경향의 영향이다. "마치 신을 마주 대하고 있는 것처럼 하라"는 의미의 '대월상제'는 멀게는 『시경』에, 가깝게는 중국의 성리학자들의 문헌에서 연원하지만, 이 말을 애용한 것은 조선의 유학자들이었다(『조선왕조실록』에는 이 말이 48여 차례 정도 나온다).

더 나아가서 실학의 집대성자로 알려진 다산 정약용은 서학의 신(God)을 받아들여 대월상제를 '인간에 대한 신의 도덕적 감시'로 해석하였는데, 이것은 하늘의 인격성과 초월성을 강화하여 인간의 도덕성을 향상시키기 위한 기획으로, 천학적 요소가 더 강화된 것으로 이해할 수 있다.

조선유학사에 보이는 이와 같은 천의 강조는 실은 한국사상사

---

5 故昔帝王, 法天而行道, 奉天而行事(그래서 옛날의 제왕은 天을 본받아서 도를 행하고, 天을 받들어서 일을 행했다). (『芝峯先生集』 제22권 「雜著・條陳懋實箚子」)

의 출발에서부터 나타나는 특징이었다. 3세기에 쓰인 중국 역사서 『삼국지』에 보이는 한반도 고대 부족국가들의 제천행사의 행태에서 천학의 원형을 찾을 수 있다. 이 행사의 특징은, 당시 중국에서는 황제 고유의 권한이었던 제천의례를 온 국민이 축제 형식[國中大會]으로 즐기고 있었다는 점이다.[6] 그리고 이러한 축제의 성격을 '공회(公會)'라는 말로 표현하였다. 따라서 당시의 한반도에서는 제천이 국가의례라기보다는 일종의 명절 행사와 같은 것임을 알 수 있다.

이 전국적인 제천행사가 민간 차원에서 공식적으로 부활된 것이 동학이다. 동학에서 시행한 제천 의례는 하늘을 황제 한 사람의 것이 아니라 민간(民間)의 것으로 되돌려 놓았다는 점에서 고대 부족국가의 제천행사의 근대판이라고 할 수 있다. 그러나 동학은 여기에서 한 걸음 더 나아가서 사상적 차원에서도 하늘을 모든 이의 것으로 되돌려 놓았다. 그것이 바로 '시천주'(侍天主=누구나 하늘님을 모시고 있다)와 '인내천'(人乃天=사람이 하늘이다)이다. 그런 점에서 동학은 한국의 천학 전통이 근대적으로 드러난 것이라고 할 수

---

6 (高句麗) 以十月祭天, 國中大會, 名曰東盟. … 其公會, 衣服皆錦繡, 金銀以自飾 (고구려에서는 매년 10월에 하늘에 제사를 지냈다. 온 나라 사람들이 대대적으로 모였는데, 이를 '동맹'이라 한다.…그 공회에서는 옷은 모두 비단으로 수를 놓고 금은으로 장식을 하였다.) (『삼국지』「위지 동이전」)

있다. 기타지마 지신의 용어로 말하면 '토착적 근대'에 해당하는
셈이다.

3. 천도의 탄생

최제우는 동학을 '천도'라고도 하였다. 천도라는 표현은 이미
『노자』나『장자』또는『중용』등에 나오는데, 그것은 하나의 철학
개념이지 사상 형태를 나타내는 범주는 아니다. 가령『노자』에서
는 천도무친(天道無親=하늘의 도는 친함이 없다)으로,『장자』에서는
「천도」편이라는 제목으로,『중용』에서는 성자천지도(誠者天之道=
성실함은 하늘의 도이다)라는 표현으로 나오는데, 이것들은 모두 '인
도'(人道)와 대비되어 하늘의 운행이나 자연의 질서를 의미하는 말
이다.

반면에 최제우가 동학을 천도라고 했을 때의 도는 특정한 사상
체계를 나타내는 용어로 사용되었다. 가령 유교를 선왕지도(先王
之道)라고 하거나 불교를 불도(佛道)라고 할 때의 도와 같다. 그런
점에서 동학은 중국의 도학 전통의 흐름에 놓여 있다고 할 수 있
다. 그러나 강조점이 도보다는 천에 있다는 점에서 천학(天學)으로
분류될 수 있다.

즉 동학에서는 중국에서와 같이 도의 일부로서 천이 이해되는 것이 아니라, 반대로 천의 하위 개념에 도가 위치하는 것이다. 가령 최제우가 당시의 혼란의 원인을 '하늘님의 명을 돌보지 않는다'[不顧天命, 『동경대전』 「포덕문」]라고 분석한 것 역시 천학적 관점에서의 사태 진단이라고 할 수 있다. 이것은 『중용』 제1장에서 "도는 잠시도 떠날 수 없다"[道也者不可須臾離也]거나 이에 대한 주자의 주에서 "리는 잠시도 떠날 수 없다"[所以存天理之本然, 而不使離於須臾之頃也]고 한 것과는 대조적이다.

동학의 사상적 연원이 중국과는 다른 계통에 기원한다는 점은 동학의 천인관(天人觀)에서도 확인할 수 있다. 『노자』는 인간과 천지, 그리고 도와 자연의 관계를 다음과 같이 표현하였다; "사람은 땅을 본받고, 땅은 하늘을 본받고, 하늘은 도를 본받고, 도는 자연(스스로 그러함)을 본받는다."[人法地, 地法天, 天法道, 道法自然] 여기서 천과 인의 관계에만 주목하면 인간은 하늘의 원리를 본받아야 하지만, 그 하늘은 다시 자연으로서의 도의 하위 존재로 설정되어 있다. 이러한 천인관은 유학에서도 크게 다르지 않다. 『맹자』나 『중용』에 나오는 "성실함은 하늘의 도이고, 성실하려고 노력하는 것은 사람의 도이다"[誠者天之道, 誠之者人之道]라는 말에서도 알 수 있듯이, 인간은 자연의 질서[道, 理]에 따라야 하는 존재로 설정되어 있다.

그러나 동학에서는, 그리고 그 이후에 나온 한국의 개벽종교에서는, 하늘과 인간 사이의 상호협력이 천인관의 근간이 된다. 가령 최시형은 "하늘과 인간은 상호 의지하며 상호 협력하는 관계에 있다"[7]고 말한다. 제아무리 하늘이라고 할지라도 완벽한 존재는 아닌 것이다. 더 나아가서 증산교에서도 "신과 인간이 함께 작동한다"고 하는 신인합발(神人合發)의 천인관을 제시하였다.[8] 이러한 천인관은, 궁극적 가치의 근원을 천이나 도 또는 리의 어느 하나에 두지 않고, 하늘과 인간이라는 두 중심 사이에 두고자 하는 철학으로, 하늘과 인간 사이의 역동성과 긴장감 그리고 상호성이 강조된 세계관이라고 할 수 있다.

이와 같은 하늘과 인간의 상호적 관계를 김상봉은 '서로주체성'이라고 하였다. 그는 최시형의 "사람이 하늘이고 하늘이 사람이다. 사람 밖에 하늘 없고 하늘 밖에 사람 없다"(人是天 天是人 人外無天 天外無人, 「천지인 귀신 음양」)는 구절을 설명하면서, 동학에서

---

7   天依人 人依食 萬事知 食一碗(하늘은 사람에 의지하고 사람은 하늘에 의지한다. 만사를 아는 것은 밥 한그릇의 이치를 아는 것이다). 人依食而資其生成 天依人而現其造化 人之呼吸・動靜・屈伸・衣食 皆天主造化之工 天人相與之機 須臾不可離也(사람은 먹거리에 의지하여 생성의 바탕으로 삼고, 하늘은 사람에 의지하여 자신의 조화를 드러낸다. 사람의 호흡, 동정, 굴신, 의식은 모두 하늘님의 조화의 솜씨이다. 이처럼 하늘과 사람이 서로 함께 하는 기틀은 잠시도 떠날 수 없다.) 『해월신사법설』 「천지부모」.

8   노길명, 『한국신흥종교연구』, 경서원, 1986.

는 신과 인간이 '서로주체성'의 관계에 있다고 보았다. 즉 "사람이 하늘이다"라는 말은 인간과 신 사이에 아무런 구별이 없는 범신론을 말하는 것이 아니라, 인간과 신이 서로주체성 속에서 마주 섬으로써만 온전한 인격적 주체로서 자기를 정립할 수 있음을 의미한다는 것이다.[9]

4. 하늘의 의미[10]

동학의 별칭인 천도는 지금 식으로 말하면 하늘철학이라고 할 수 있다. 이 명칭은 의미심장하다. 왜냐하면 하늘에는 한국사상의 혁명성과 토착성 그리고 보편성과 역동성이 담겨 있기 때문이다. 종교학자 박규태는 다산과 동학에서의 자생적 근대성을 고찰한 선구적인 논문에서, 한국어의 하늘 관념의 사상적 의미를 이단성, 전통성, 보편성, 역동성 등으로 설명하였다.[11]

---

9   김상봉, 「파국과 개벽 사이 : 20세기 한국철학의 좌표계」, 『대동철학』 67, 2014, 22쪽.
10 「4. 하늘의 의미」에서 「6. 하늘을 산다」까지는 『개벽신문』 75호(2018.06)에 실린 〈하늘을 산다〉의 일부이다.
11 박규태, 「한국의 자생적 근대성과 종교: 하늘-이단-지도의 앎」, 『종교연구』 35, 2004.

먼저 다산이나 동학에서의 하늘은 '더 큰 체계를 향한 이단적 욕망'을 표상하고(133쪽), 이들이 이단시되고 탄압받았던 이유는 조선 성리학보다 '더 큰 체계'를 내세웠기 때문이라고 하였는데, 이것은 하늘 관념의 혁명성을 말하는 것이리라.

그리고 이러한 하늘 관념에는 단군을 낳은 신화적 하늘이나 고대 제천행사의 춤추는 하늘이 살아 숨 쉬고, 그런 의미에서 가장 전통적인 한국인의 하늘경험을 담고 있다고 하였는데(135쪽), 이것은 하늘의 토착성을 시사한다. 아울러 정약용 시대에 하늘은 사람은 물론 동물까지도 아우르는 맨 처음의 하늘로 돌아가고 있다고 하였는데, 이것은 '하늘의 보편성'(136쪽)을 지적하는 것이고, 이런 하늘은 이단의 욕망을 꿈꿀 수 있다는 점에서 역동적인 하늘(136쪽)이라고 하였다.

마지막으로 한국인은 늘 이런 "하늘을 숨 쉬고 하늘을 먹고 하늘을 키우고 하늘을 섬기며 살아 왔다"고 하면서, '한국에서의 자생적 근대성의 가능성'은 '앞으로 새롭게 만들어 나가야 할' 과제이며, 그것은 '하늘의 보편성에 대한 기억 속에서 이루어질 것'이라고 전망하였다(136쪽). 즉 한국인은 항상 '하늘경험'을 하며 살기 때문에 자생적 근대성의 가능성이 열려 있다는 것이다.

5. 하늘지향성

한국인은 항상 "하늘을 숨 쉬고 하늘을 먹고 하늘을 키우고 하늘을 섬기면 살아 왔다"고 하는 박규태의 표현은 손기원의 용어로 말하면 한국인의 '하늘지향성'이라고 할 수 있다. 손기원은 단군신화에 나타난 하늘과 인간의 관계를 분석한 논문에서, "환웅이 하늘에서 내려왔다는 사실은 하늘을 고향으로 생각하고 하늘을 삶의 뿌리로 생각하는 한국인의 정서를 상징적으로 표현하는 것"이며, "한국인에게는 예로부터 끊임없이 하늘을 생각하는 하늘지향성이 자리 잡고 있다"고 하였다.[12]

여기에서 '하늘을 생각한다'는 말은, 한자로 나타내면 '하늘을 그리워한다'는 의미에서의 사천(思天)이라고 할 수 있다. 그리고 이 그리움의 대상을 인격적으로 표현한 것이 한국어의 님인데, 불교학자 한기두는 하느님이나 부처님 등의 예를 들면서 종교적인 신앙의 대상은 '더 크게 그리워하는 님'이라고 하였다.[13] 이 해석을 참고하면 한국인의 하늘지향성은 더 큰 체계를 그리워하는 성향을 말하고, 하느님은 '더 큰 체계를 인격화시켜서 표현한 것'이라고 할

---

12 손기원, 「경영의 새로운 패러다임 연구-한국적 경영을 통한 서구식 경영의 한계 극복 방안」, 성균관대학교 유학과 박사학위논문, 2009, 67쪽.
13 한기두, 『원불교 정전 연구(교의편)』, 원광대학교출판국, 1996, 458~459쪽.

수 있다. 또한 가타오카 류는 영성이란 괴테가 노래한 '성스러운 동경'과 같은 것이라고 하였는데,[14] 하늘은 이러한 의미에서의 한국인의 영성을 나타내는 개념이라고 할 수 있다.

한편 한국어의 님은 단지 하늘과 같은 종교적 대상에게만 붙는 말이 아니다. 사장님, 판사님, 장관님, 교수님, 목사님, 부모님, 선배님 등, 사회적으로 존경받거나 자기보다 우위에 있는 사람들이라면 누구에게나 님을 붙일 수 있다. 다만 그중에서 가장 큰 님이 하늘이다. 권근이 天을 一과 大로 풀이한 것[天爲一大]은 이러한 점을 시사한다.

교토대학의 오구라 기조 교수는 한국인에게는 '님으로 상승하고 싶은 끝없는 동경'이 있고, 이 동경이 좌절됐을 때 한국인들은 '한(恨)이 맺힌다'고 하였다.[15] 그렇다면 이러한 상승지향성은 하늘지향성의 일환으로 볼 수 있고, 동학에서 '모두가 하늘이다'라고 천명한 것은 이러한 하늘지향성을 충족시키기 위한 철학적 처방이라고 할 수 있다.

이상의 해석들을 종합해 보면, 한국어의 하늘은 '가장 큰 지평'을

---

14 가타오카 류, 〈청주와 안동과 센다이의 사이에서 생각한다 : '성스런 동경'에 의한 이어짐〉, 『동양일보』, 2018.1.14.
15 오구라 기조 저, 조성환 역, 『한국은 하나의 철학이다』, 모시는사람들, 2017, 50~51쪽.

의미하고, 그런 하늘을 인격적으로 표현한 것이 하늘님이다. 또 한국인에게는 하늘을 욕망하고 그리워하며 동경하는 하늘지향성이 있고, 그런 점에서 하늘은 한국인의 영성을 대변하는 말이라고 할 수 있다.

6. 하늘을 산다

동학이 탄생하고 50년 뒤에 조선은 일본의 식민지가 되었다. 그러나 이 해에 하늘은 새로운 지위를 획득하였다. 동사로서의 '하늘'이 출현한 것이다.

> '나'에는 이기적인 나와 공공적인 나가 있으니, 이기적인 나를 끊은 연후에 내 마음을 天하고 내 기운을 天한다.[16]

여기에서 "내 마음과 기운을 天(천)한다"고 할 때의 '天한다'는 직역하면 '하늘한다'가 되고, 풀어쓰면 '하늘같이 한다' 또는 '하늘처

---

16 "我有私我公我ᄒ니 絶其私我然 後에 天我心天我氣ᄒ야守正之積이始著ᄒ느니라."(『천도교회월보』 제2호, 1910.09.15)

럼 한다'가 될 것이다. 이 '하늘한다'는 신조어에는 하늘을 그리워
하고 하늘을 실천하며 하늘을 섬기고자 하는 한국인들의 하늘지
향성이 압축되어 있다. 이와 같은 동사적 하늘의 탄생은 한국인들
이 나라는 비록 빼앗겼지만 사상 언어는 되찾기 시작했음을 의미
한다.

　'하늘한다'는 작은 나私我를 넘어서 더 큰 나公我가 되고자 하
는 끊임없는 자기 부정의 자세를 말한다. 그런 점에서 '하늘한다'
는 김태창이 말하는 '공공(公共)한다'와 상통한다. 또한 동학 도인
들은 '동학을 믿는다'고 하지 않고 '동학을 한다'고 말하는데,[17] '동
학한다' 역시 '하늘한다'의 다른 표현에 해당한다. 그런 의미에서
퇴계나 다산도 동학을 한 사람들이라고 할 수 있다. 왜냐하면 그들
또한 하늘을 살려고 했기 때문이다. 마찬가지로 평생 하늘을 그리
워하고 명상했다고 하는 다석 유영모도 '하늘을 산 사람'이자 '동학
을 한 사람'이라고 할 수 있을 것이다.

　이처럼 '하늘한다'는 학파나 종교와 같은 작은 경계들을 넘어서
더 큰 지평에서 그것들을 묶어 낼 수 있는 새로운 인식틀을 제공한
다. 그런 점에서 서구적 근대화 과정에서 많은 경계들을 만들어 낸
21세기의 한국인들에게 가장 필요한 토착 언어라고 생각한다.

17　박맹수, 『동경대전』, 지식을만드는지식, 2012, 98-99쪽.

7. 한국적 근대[18]

흔히 근대화는 세속화와 합리화의 과정이라고 한다. 이것은 달리 말하면, 신의 존재나 권위에 호소하기보다는 인간의 합리적인 이성으로 세상과 관계 맺고자 하는 과정이라고 할 수 있다. 동아시아에서 이러한 근대화를 가장 먼저 수행한 나라는 일본이고, 거기에는 천(天)과의 단절이 동반되어 있다.[19] 달리 말하면 학(學)의 내용에서 천(天)이 제거된 것이다.

실제로 일본의 근대를 상징하는 후쿠자와 유키치의 『학문의 권장』(1871)에서는, 비록 첫머리에서 "하늘은 사람 위에 사람을 만들지 않고 사람 밑에 사람을 만들지 않는다"[20]고 하는, 하늘을 토대로 한 만인의 평등이 설파되기는 하지만, 그렇다고 해서 후쿠자와가

---

18 이 절은 『한국사상사학』 제44집(2013)에 수록된 조성환, 「천도의 탄생 : 동학의 사상사적 위치를 중심으로」의 「맺음말-동학이 추구한 근대」이다.

19 히라이시 나오키는 일본에서의 '천'의 쇠퇴는 이미 근대에서부터 시작되었다고 하고 있다. 여기서 저자가 말하는 '근대'는 대략 문부성에 의해서 『臣民の道(신민의 도)』가 간행된 1941년 전후를 말한다. 그에 의하면 『신민의 도』는 공식적인 '국체론'(國體論) 개설서로, 여기에서는 보편적인 의미의 天은 찾아볼 수 없고 그 대신에 일본의 세계 지배를 정당화하는 국체론이 전개되고 있다. 히라이시 나오아키 지음, 이승률 옮김, 『한 단어 사전 天』, 푸른역사, 2013, 12-15쪽.

20 후쿠자와 유키치 지음, 남상영 · 사사가와 고이치 옮김, 『학문의 권장』, 소화, 2006, 초판서문, 21쪽.

하늘의 존재론을 구축하거나 그것을 토대로 새로운 인간관을 전개하는 것은 아니다. 그런데 흥미롭게도 동학의 학에서는 천의 요소가 오히려 강화된다. 즉 세속화와는 정반대인 영성화의 길로 나아가는 것이다. 『학문의 권장』보다 10여 년 앞서 나온 『동경대전』의 「권학문」(勸學文)이나 「논학문」(論學文)에서는 하늘님의 존재를 늘 생각하고[不忘] 교감하고[降靈] 공경하며[敬天], 그 가르침을 몸소 실천하는[守心正氣] 천학적 내용으로 가득 차 있다. 더군다나 이런 종교적 성격의 학은 당시의 수많은 농민과 식자(識者)들의 호응과 참여를 끌어낼 수 있었다. 아마도 그 이유는 새로운 세계관의 뿌리를 바깥이 아닌 내부, 즉 자기 전통에서 찾았기 때문일 것이다. 그리고 그 토착적 전통이야말로 동학의 힘의 사상적 원천이었다.

동학이 우리에게 던지는 메시지는 바로 여기에 있다고 생각한다. 그것은 하나의 주체적이고 자생적인 인문학 운동이었고, 그 학문의 주체성을 자기 전통에서 가져왔기에 대중들의 호응을 얻을 수 있었다. 그 토착적 전통은 다름 아닌 하늘공동체의 추구였다. 만물을 하늘처럼 대하는 성스런 세계 - 이것을 그들은 천국(天國)이라고 불렀다 - 의 구축이야말로 동학이 추구한 한국적 근대의 모습이었다. 그것은 안으로는 기존의 유교적 세계관을 탈피함과 동시에 밖으로는 서학이라는 새로운 도전에 대응하면서, 동방의 하늘공동체라고 하는 오래된 이상의 실현을 추구한 새로운 형태의 한국학이었다.

제2장/ 동학의 개벽사상

지난 150여 년 동안 동아시아의 전통 학문이 서구적 근대라는 틀 안에서 이해되어 왔다고 한다면, 동학 역시 예외는 아닐 것이다. 그것은 서구적이면서 동시에 중국적으로 이해되어 왔다. 동학의 하늘이 중국의 天 사상의 연장선상에서 이해되어 왔다면, 동학이 제창한 개벽은 서양의 revolution이나 중국의 革命으로, 그리고 동학에서의 학은 서양의 science의 틀로 이해되어 왔다(나는 이것을 타자화된 한국철학사 또는 소외되어 온 한국사상사라고 부른다).

이와 같은 바깥의 틀로 동학을 설명할 때 가장 희생되는 것은 동학의 '생명사상'이다. 동학은 폭정에 대한 항거이자 외세에 대한 저항이기 이전에 하나의 생명운동이었다. 뒤집어 말하면 동학이 이른바 '반봉건 반외세' 운동을 전개한 것은 봉건과 외세가 '반(反)생명적'이었기 때문이다. 이 장에서는 이러한 문제의식 하에 외적인 틀은 잠시 접어 두고, 동학을 그들 자신의 시각에서 이해해 보고자 한다.

1. 개벽의 의미

최제우는 후천개벽을 말한 적이 없다.[21] 『용담유사』에서 '다시 개벽'을 말했을 뿐이다. 후천개벽이 우주론적인 개념이라고 한다면 다시 개벽은 인문학적인 개념이다. 후천개벽이란 말은 선천과 후천을 구분한 중국의 신유학자 소강절의 상수역(象數易) 등에 연원하는 사상으로 우주 질서의 근본적인 변화를 의미한다. 반면에 최제우의 다시 개벽은 그러한 새로운 기운의 도래를 맞아서 인간이 주체적이고 능동적으로 세상을 변화시킬 것을 강조한다. 즉 우주의 기운[運]보다는 인간의 노력[修]에 초점을 맞추는 것이다(이런 의미에서 동학을 이은 천도교에서는 '인문 개벽'이라는 표현을 썼다[22]). 그래서 그것은 동아시아의 학의 범주에 들어간다.

전통 시대 동아시아의 학 개념은 수양의 다른 말이라고 해도 과언이 아니다. 그것은 심신의 훈련을 통한 자기 변화를 의미하기 때

---

21 정향옥에 의하면 "수운·증산·소태산이 직접 후천개벽을 언급하였다는 기록은 없고"(156쪽), 류병덕을 인용하면서 "'개벽'은…수운에 이르러 하나의 '사상'으로 자리 잡기 시작하였다"(159쪽)고 한다. 정향옥, 「한국 신종교 개벽사상의 수행적 성격 - 동학·천도교·증산교·원불교를 중심으로」, 『신종교연구』 34, 2016.
22 김병제·이돈화 지음, 임형진 해제, 『천도교의 정치이념』, 모시는사람들, 2015, 166쪽.

문이다. 유학에서는 그것이 수기(修己)로 표현되었고, 그 구체적인 내용은 윤리적 실천을 의미한다. 가령 『논어』에서 공자의 제자 자하(子夏)는 "부모·임금·친구와의 관계에서 최선을 다할 수 있으면 설령 그가 아직 배우지 않았다[未學]고 하더라도 '배웠다'[學]고 말하리라"[23]고 하였다. 여기서 학의 대상은 문(文)이 아니라 행(行), 즉 '윤리적 실천'이다. 율곡 역시 이러한 전통에서 "학문이란 마땅히 해야 할 바를 해야 하는 것을 가리킬 뿐이다"[24]라고 말한다.

이러한 맥락에서 유교에서 말하는 '수기치인'이란 정치의 바탕에 도덕적 수양이 있어야 한다는 수양정치론을 의미한다. 마찬가지로 도교는 기 수련을 통한 건강한 삶을 추구한다는 점에서 수양양생론이라고 할 수 있고, 불교는 마음공부를 통한 인식론적 자유를 추구한다는 점에서 수양해탈론이라고 할 수 있다. 이처럼 전통시대 동아시아의 학문은 모두 수양(또는 수련이나 수행이나 수도)을

---

23 子夏曰 … 事父母能竭其力 事君能致其身 與朋友交言而有信 雖曰未學 吾必謂之學矣(자하가 말하였다. … 부모를 섬기는데 그 힘을 다 할 수 있고, 임금을 섬기는데 그 몸을 다 바칠 수 있으며, 벗과 말을 주고받는데 믿음이 있으면, 비록 아직 배우지 않았다고 하더라도 나는 반드시 그를 배웠다고 하리라!,『논어』「학이」)

24 古者無學問之名 日用彝倫之道 皆人所當爲 別無標的之名目 君子之行所當爲者而耳 後世道學不明 彝倫隨晦 於是以行其所當爲者名之以學問(『율곡전서』제26권,『성학집요』). 이 외에도『율곡전서』제27권『격몽요결』서문에 비슷한 내용이 실려 있다.

그 바탕에 두고 있었다.

최제우가 주창한 동학 역시 이러한 수양으로서의 학문 전통을 잇고 있다. 수심정기(守心正氣)나 심학(心學, 마음공부)과 같은 표현은 동학이 자기 수양에서 출발하는 수양학임을 의미한다. 그런 의미에서 우주론적인 후천개벽이나 『정감록』을 토대로 한 구원사상과는 근본적으로 다르다. 최제우는 그러한 자연철학이나 민중사상을 학의 틀에 담아서 새로운 사회건설, 즉 개벽의 동력으로 삼고자 한 것이다.

그래서 개벽이란 말에는 두 가지 함의가 있다. 하나는 수양을 통한 자기변화이고, 다른 하나는 거기에서 출발하는 사회변혁이다. 그런데 오늘날 논의되는 혁명론에는 전자가 빠져 있다. 종래의 동학 이해 역시 서구적 시민혁명론이나 유교적 역성혁명론의 틀 안에서 대부분 이루어져 왔다. 그러나 동학의 개벽은 단순한 왕조교체나 제도적 변혁을 지향한 혁명이라기보다는 자기 수양을 바탕으로 하는 문명 전환 운동이다. 그런 의미에서 동학농민혁명은 동학농민개벽으로 수정되어야 한다. 혁명이라는 말은 동학의 개벽사상을 담기에는 중국적이거나 서구적이다. 종래의 역사학자들의 동학 이해는 여전히 근대 국민국가라는 틀에 갇혀 있다. 그러나 동학을 동학의 시각에서 말한다면 일종의 살림운동이라고 하는 것이 더 적확하다.

2. 생명과 살림

동학이 지향한 새로운 문명은 생명이 가치의 중심이 되는 세상
이다. 동학은 우주를 하나의 유기적 생명체로 본다는 점에서 서양
근대의 기계론적 세계 이해와는 다르다. 성리학에서도 우주의 생
성작용을 적극적으로 인정하지만[天地生物之心], 이때의 우주는 '도
덕적'으로 파악된 차등적 우주이다. 즉 성리학자들이 바라보는 우
주는 인간중심적[仁]이고 윤리적 질서[名分]가 동반된 도덕적 세계
이다. 도널드 먼로의 개념을 빌려서 말하면,[25] 성리학에서는 모든
생명체가 천지의 생성작용의 산물이라는 점에서는 자연적으로 평
등하지만(natural equality), 그렇다고 해서 그것이 사회적으로 동등
하게 대접받아야 한다는 가치적 평등(evaluative equality)을 함축하
는 것은 아니다.

반면에 동학에서는 우주에 존재하는 모든 것들은 가치적으로도
동등하다. 동학은 이 가치의 평등성의 근거를 토착적인 하늘 개념
에서 찾았다. 마치 고대 한반도의 제천행사에서 하늘이 왕이나 귀
족만의 것이 아니라 모든 이가 공유하는 하늘이었듯이, 동학에서

---

25 Donald Munro, *The Concept of Man in Early China*, Stanford University Press,
   1969.

는 민중들에게 이 공공의 하늘을 되돌려준 것이다. 이것은 동학이 자연적 평등에서 한 걸음 더 나아가서 가치적 평등까지 지향했음을 의미한다. 이 가치적 평등을 동학에서는 경(敬)이라는 개념으로 제시하였다.

경은 동학의 세계관에 따를 때 자연스럽게(필연적으로) 우러나오는 타자를 대하는 방식[待人接物]으로, 모든 존재가 우주적 생명체임을 자각하는 데에서 나오는 타자 존중의 태도이다. 이 태도가 갖추어질 때 비로소 내 안의 생명에서 타자에 대한 살림으로 나아갈 수 있다. 생명이 개체 안에 깃들어 있는 우주적 생명력(=하늘님)의 차원이라고 한다면, 살림은 그 생명력을 바탕으로 타자를 살리고자 하는 실천적 차원을 말한다. 이것을 시천주의 명제로 설명하면, 천주(天主)가 생명의 존엄성과 평등성을 나타낸다면, '시(侍)=모시다'는 경의 실천적 태도를 가리킨다. 이 경의 실천적 태도가 현실로 드러난 것이 바로 동학농민군의 불살생(不殺生) 규율이다.[26]

---

26 사대명의(四大名義) ; (1) 매번 적을 상대할 때 우리 동학농민군은 칼에 피를 묻히지 아니하고 이기는 것을 가장 으뜸의 공으로 삼을 것이며, (2) 비록 어쩔 수 없이 싸우더라도 사람의 목숨만은 해치지 않는 것을 귀하게 여겨야 할 것이다. (3) 또한 매번 행진하며 지나갈 때에는 다른 사람의 물건을 해치지 말 것이며, (4) 부모에게 효도하고 형제간에 우애하며 나라에 충성하고 사람들 사이에서 신망이 두터운 사람이 사는 동네 십리 안에는 절대로 주둔해서는 아니 될 것이다(東道大將 下令於各部隊長 約束日 每於對敵之時 兵不血刃而勝者爲

이처럼 동학이 추구한 문명은 우주적 생명에 대한 자각을 바탕으로 타자를 경으로 대하는 살림문명이다. 반면에 서구 근대문명을 수용한 제국일본은 생명을 국가의 하위에 두었다. 여기에 다시 화이관(華夷觀)적인 문명과 야만의 도식을 적용하여 생명을 서열화하였다.[27] 서구화된 일본은 문명국이라고 하여 생명 서열의 최상위에 위치시킨 반면에, 비서구화된 아시아는 야만국으로 비하하면서 생명 서열의 하위에 자리매김한 것이다. 여기에서는 타자를 살리는 살림 주체가 아니라 국가를 유지하는 국민 주체가 우선이다.

동학군과 조선군·민보군(유학자)·일본군과의 싸움의 배경에는 이러한 세계관과 문명관의 차이가 깔려 있다. 조선정부와 사대부들은 유교적인 문명관을 바탕으로, 그리고 일본정부는 서구적인 문명관을 내세우며 동학을 야만으로 몰아세웠다. 반면에 동학은 생명 중심의 문명관을 기치로 이에 맞서 싸웠다. 이러한 생명

首功 雖不得已戰 切勿傷命爲貴 每於行陣所過之時 切物害人之物 孝悌忠信人所居村十里內 勿爲屯住) 박맹수,「전봉준의 평화사상」,『통일과 평화』(9집 1호·2017), 84-85쪽 재인용.

27 小松裕,『'いのち'と帝国日本 : 明治時代中期から一九二〇年代』(東京: 小学館, 2009);「한·중·일 젊은 세대들의 대화와 세대간 대화 : 한·중·일 회의 II - 동아시아의 새로운 미래를 함께 연다」의 〈첫 번째 발제와 관련 대화〉,『동양일보』, 2016.10.16.

중심의 문명관은 20세기의 산업화 과정에서 잊혀지다가, 1980년대에 한살림운동을 전개한 장일순·김지하·박재일·최혜성 등에게서 부활한다.

3. 작(作)의 근대

기존의 역사학계에서의 동학 연구는 거의 예외 없이 국민국가의 틀 안에서 이루어져 왔다. 일국사의 경계를 넘는다고 해도 동아시아 삼국사에 머물러 있는 수준이다. 그러나 내가 생각하기에 동학은 보다 거시적인 근대라는 틀에서 새롭게 조명되어야 한다. 일찍이 원광대학교 박맹수 교수는 동학이 추구한 길을 비서구적 근대라는 개념으로 제시한 적이 있다.[28] 일본의 기타지마 기신 교수는 비서구 세계가 추구한 근대를 토착적 근대라고 명명하였다.

이러한 시각은 '근대=서구'라는 기존의 등식에 대한 근본적인 재고를 요청하고 있다. 근대화(modernization)라는 말은 원래 현대화를 의미한다.[29] 즉 전통사상과 문화를 동시대의 언어와 철학으

---

28 박맹수,「한국근대 민중종교와 비서구적 근대의 길 : 동학과 원불교를 중심으로」,『원불교사상과 종교문화』33, 2006.
29 이 점에 대해서는 기타지마 기신 교수로부터 계발을 받았다.

로 재해석하고 재구성하는 것을 말한다. 그렇다면 중국 송대에 탄생한 신유학(성리학)은 고대 유학을 근대화한 것이라고 말할 수 있다. 즉 당시의 지배적인 세계관인 도교와 불교를 받아들여 유학을 새롭게 한 것이다.

이렇게 보면 동학은 전통적인 하늘 개념과 동아시아의 호생(好生)[30] 사상을 당시의 시대적 요구에 맞게 근대화(modernization)한 것이라고 볼 수 있다. 그리고 그것은 서구적 근대의 길을 간 일본과 충돌하였다. 즉 동학농민개벽과 청일전쟁은 두 근대 사이의 충돌인 것이다. 비록 동학이 추구한 근대가 서구적 근대의 무력 앞에서 무참히 좌절되고 말았지만, 그 이후에 전개된 삼일운동과 최근의 촛불집회는 동학이 추구한 근대는 여전히 진행 중임을 말해주고 있다.

동학이 추구한 근대는 공자의 언어로 표현하면 '작'의 근대라고 할 수 있다.[31] 동아시아문화의 원형인 유학을 창시한 공자는 스스로를 '술(述)을 했지 작(作)을 하지는 않았다'[述而不作]고 평가하였

---

30 '호생' 개념은 『후한서』「동이열전」이나 최치원의 문집 또는 태종실록 등에 나온다.
31 이하는 『서강학보』676호(2018년 4월 16일)에 실린 「개화와 개벽 - '술'의 근대와 '작'의 근대」의 일부이다.

다. 여기에서 술(述)이란, 서술(敍述)하다나 진술(陳述)하다는 말로부터 추측할 수 있듯이, 상고시대의 성인들이 만든[作] 사상문화를 나름대로 정리하고 시대에 맞게 해석하여 후대에 전달하는 행위를 말한다.

반면에 작(作)은 이전에 없던 새로운 사상문화의 틀을 창조하는 작업을 말한다. 공자로 대변되는 동아시아의 유학자들은 이상적인 사상문화와 문물제도는 이미 고대의 성인들에 의해 완성되었기 때문에 그것을 잘 실현하기만 하면 되지 따로 새로운 것을 만들 필요는 없다고 생각하였다.

동학은 새로운 시대적 요청에 부응하여, 자기에게 맞는 사상문화를 자기 손으로 만들었다는 점에서 술(述)이 아닌 작(作)이라고 말할 수 있다. 아울러 동아시아적 우주론과 윤리관을 계승하면서 한국적 하늘 개념과 그것에 기반한 영성적 인간관을 바탕으로 새로운 시대를 준비했다는 점에서 술이 아닌 작의 근대를 지향했다고 할 수 있다.

이에 반해 우리가 교과서에서 배운 실학파와 개화파가 지향했다고 하는 근대는 청나라와 서양의 문화를 수용하고 학습하겠다는 술의 근대였고, 그런 점에서 근대 일본이 지향한 탈아입구(脫亞入歐=아시아를 벗어나서 서구로 들어가자)적 근대와 크게 다르지 않다.

올해는 일본이 아시아를 '탈(脫)'하고 서양을 '술(述)'한지 150주년이 되는 해이다. 《아사히신문》에서는 이를 기념하여 「근대 일본의 빛과 그림자 : 메이지유신 150년」이라는 제목 하에 특집기사를 꾸몄다(2018년 8월 22일자 23면). 이 중에서 죠마루 요이치(上丸洋一) 기자가 쓴 「'탈아(脫亞)'의 야만성을 비판」에서는 후쿠자와 유키치적인 침략적 근대를 비판하고 이웃나라와의 친화적 근대를 주장한 카츠 카이슈(勝海舟), 그리고 생명 중심의 근대를 주장한 다나카 쇼조(田中正造)를 '또 하나의 근대'라고 표현하였다. '술'의 근대화를 시작한지 150여 년이 지나서야 비로소 '자생적 근대'에 주목하기 시작한 것이다.

제3장/ 시민사회의 동학[32]

살림문명을 건설하고자 하는 동학의 생명운동은 그로부터 약 100여 년 뒤에 현대 한국사회에서 새로운 형태로 부활하는데, 무위당 장일순이 전개한 한살림운동이 그것이다. 장일순은 동학의 생명사상을 재해석하여 현대 산업사회가 안고 있는 반(反)생명의 문제를 극복하고자 하였다.

그런 점에서 그의 한살림운동은 아프리카의 인종차별 반대운동과 상통한다. 기타지마 기신 교수에 의하면, 넬슨 만델라 등이 중심이 된 아프리카의 아파르트헤이트 철폐운동은 "나는 타인에 의해서 내가 된다"고 하는 전통적인 우분투 사상이 토대가 되었다.[33] 아프리카인들이 자신들의 현대 문제를 해결하는 단서를 전통사상

---

32 이 글은 2018년 3월 23일에 경북 성주에서 열린 학술대회 〈평화, 종교 그리고 공공성〉에서 발표한 「장일순의 한살림철학 : 평화와 공공성을 중심으로」를 수정한 것이다.
33 우분투사상과 그것의 인간관에 대해서는 기타지마 기신, 「한국·일본의 근대화와 민중사상 - 아프리카의 관점을 중심으로」, 원광대학교 종교문제연구소, 『한국종교』 43, 2018 참조.

에서 찾았듯이, 장일순 역시 지금의 문제를 해결하는 실마리를 동학이라는 전통에서 찾은 것이다.

1. 동학과 장일순

20세기 한국현대사의 격동기를 살다간 장일순(1928-1994)은 스스로를 무위당(無爲堂) 혹은 일속자(一粟子=좁쌀 한 알) 등으로 칭하였고, 사회적으로는 생명사상의 큰 스승[34] 또는 한국 생명운동의 아버지로 불리고 있다. 무위당이나 일속자라는 호(號)에는 그가 지향하는 노장(老莊)이나 불교적 삶과 사상이 담겨 있고, 생명사상의 큰 스승이나 생명운동의 아버지라는 평가에는 그가 현대 한국사상사에서 차지하는 위치가 표현되어 있다.

그는 민주화운동이 한창이던 1983년에 강원도 원주에서 도농직거래 조직 한살림을 창립하면서 본격적인 생명운동을 전개해 나갔고, 1985년에는 전국 최초의 한살림 협동조합인 원주 소비자 협

---

34 김지하 · 최종덕 대담, 「도덕과 정치-김지하 시인에게서 듣는 무위당 장일순의 사상」, 무위당을 기리는 모임 엮음, 『너를 보고 나는 부끄러웠네』, 녹색평론사, 2014, 184쪽.

동조합을 설립하였다.[35] 한살림은 30년이 지난 2015년 8월 현재, 소비자 조합원 50만 세대와 생산자 회원 2천여 세대라는 거대한 숲으로 성장하였다.[36]

장일순은 세대적으로는 유영모(1890-1981)와 함석헌(1901-1989)의 다음을 잇고 있고, 김지하(1941-)와 신영복(1941-2016)의 선구에 해당하는 토착적 한국사상가로 자리매김할 수 있다. 시인 김지하의 정신적 스승으로 알려져 있고,[37]『녹색평론』의 김종철 대표, 동화작가 이현주 목사, 판화가 이철수 화백, 동학연구자 박맹수 교수 등도 그를 스승처럼 따랐다고 한다.

장일순은 사상적으로 동학, 그중에서도 특히 동학의 제2대 지도자인 해월 최시형(1827-1898)의 영향을 많이 받았다고 알려져 있다. 그래서 그는 후학들로부터 또 한 분의 해월[38]이나 해월의 환생[39] 등으로 일컬어지고, 실제로 장일순 자신도 해월 최시형의 동학사상

---

35 이용포,『생명사상의 큰 스승 무위당 장일순』, 작은씨앗, 2011, 148쪽. 이하 '『무위당 장일순』'으로 약칭.

36 이상길, 〈박재일과 한살림〉,『한국농어민신문』, 2015.08.21.

37 장일순,『무위당 장일순의 이야기 모음-나락 한 알 속의 우주』, 녹색평론사, 2017, 개정증보판, 244쪽. 이하『나락 한 알 속의 우주』로 약칭.

38 이문재, 〈동학사상은 생명사상〉,『시사저널』, 1994.10.20.

39 동학연구자 박맹수 교수는 해월 최시형과 무위당 장일순의 관계를 "100년 전 무위당이 해월이었다면 100년 후 해월이 무위당이었다."고 평가하였다. 곽병찬, 〈해월 추모비와 무위당의 통곡〉,『한겨레』, 2015.10.06.

을 많이 인용하고 또 해설하였다.

이용포에 의하면, 장일순이 동학을 처음 접한 것은 1940년대 후반, 그러니까 그의 나이 20여 세 무렵에, 국대안 반대투쟁 주동자로 지목되어 서울대학교에서 제적당하고 강원도 원주에 내려와 있을 때, 먼 친척 형님뻘인 오창세(1923-?)의 소개에 의해서였다고 한다.[40] 그 후 장일순은 최시형을 자신의 평생의 철학적 스승으로 모셨다고 한다.[41]

흔히 동학은 유교적 신분차별과 외세의 침략에 대한 민중의 저항운동으로 알려져 있다. 그런데 그로부터 1세기 뒤에 한국적 생명운동을 전개한 장일순의 사상적 바탕에 동학이 깔려 있다는 사실은, 뒤집어 말하면 동학사상의 본질은 생명사상이었고, 그것을 현대적으로 되살린 이가 장일순임을 시사한다. 즉 동학에 담겨 있는 생명사상의 측면을 20세기 후반에 읽어낸 이가 장일순이라는 것이다. 한국사상사에서 장일순이 차지하는 의의는 여기에 있다.

한편, 동학의 문제의식 가운데 하나는 유교사회에서의 신분적 차별이었다. 그래서 그들이 슬로건으로 내건 "사람이 하늘이다"[人是天][42]라는 명제는 "사람은 누구나 평등하다"는 말에 다름 아니

40 『무위당 장일순』, 45쪽.
41 같은 책, 48쪽.
42 『해월신사법설(海月神師法說)』, 「천지인·귀신·음양」. 이규성, 『최시형의

었다[唯天無別班常=오직 하늘만은 반상을 구별하지 않는다].[43] 그리고 바로 이 점 때문에 동학교도들은 당시 정부와 유학자들로부터 극심한 탄압을 받았고, 급기야는 창시자인 수운 최제우(1824-1864)와 그 뒤를 이어 동학을 전국 조직으로 확장한 해월 최시형(1827-1898), 그리고 동학농민혁명의 주역인 녹두 전봉준(1854-1895) 등은 모두 형장의 이슬로 사라져야 했다.

반면에 20세기를 살다 간 장일순의 주된 문제의식은 산업사회에서의 인간과 자연의 분리에 있었다. 장일순에게서 화엄적인 부분과 전체에 대한 언급이 많이 나오는 것은 이러한 분리에 대한 경계 때문일 것이다. 그가 창립한 한살림이라는 협동조합 명칭이나 그의 말을 모은 책 『나는 미처 몰랐네 그대가 나였다는 것을』[44]에는 이러한 사상적 지향이 담겨 있다.

철학-표현과 개벽』, 이화여자대학교출판부, 2011, 142쪽. 이후의 『해월신사법설』의 인용은 이 책에 의한다.

43 『해월신사법설』, 「포덕(布德)」, 209쪽.

44 김익록 엮음, 『(무위당 장일순 잠언집) 나는 미처 몰랐네 그대가 나였다는 것을』, 시골생활, 2012. 이하, 『나는 미처 몰랐네』로 약칭.

『나는 미처 몰랐네 그대가 나였다는 것을』

2. 장일순사상의 구조

장일순의 사상은 보통 생명사상이라고 일컬어지는데, 이 책에서는 그가 1980년대에 박재일 등과 창립한 협동조합 이름에서 힌트를 얻어, 그의 사상을 한살림철학이라고 명명하고자 한다. 한살림철학은 분석의 편의상 한철학과 살림철학으로 나눌 수 있는데, 여기서 '한'은 - 한글이라고 할 때의 한으로 - 하나 또는 크다는 뜻의 순우리말이다. 그래서 한은 큰(大) 하나(一)를 의미하는데, 하나 안에 크다는 뜻도 포함되어 있기 때문에, 한철학은 간단히 하나철학으로 바꾸어 쓸 수 있다.

그렇다면 무엇이 하나라는 것인가? 그것은 바로 생명이다. 장일순사상은 생명은 하나라는 대전제에서 출발한다.[45] 그래서 한살림은 한생명의 또 다른 표현이라고 할 수 있다(다만 살림에는 가치 개념이 들어 있다는 차이가 있다). 그리고 이 대전제를 우주론과 인간관의 맥락에서 표현한 것이, 『나락 한알 속의 우주』와 『나는 미처몰랐네 그대가 나였다는 것을』이라는 책들의 제목이다. '나락 한알 속의 우주'는 "개체(한알) 속에 전체(우주)가 들어 있다"는 우주론을 나타낸 것이고, '나는 미처 몰랐네 그대가 나였다'는 "나와 남이 다르지 않다"는 존재론 또는 인식론을 서술한 것이다. 그런 점에서 불교적으로 말하면, 전자는 일즉일체(一卽一切) 사상으로, 후자는 자타불이(自他不二) 사상으로 표현할 수 있다.

이처럼 그의 사상은 불교와 아주 가까운 것처럼 보이는데, 실제로 그는 '나락 한알 속의 우주'를 '一微塵中含十方'(일미진중함시방), 즉 "하나의 티끌 속에 시방세계가 들어 있다"(의상, 『화엄일승법계도』)는 말로도 표현하였다.[46] 그러나 이것이 그의 사상이 불교로

---

45 "'한살림'이란 이야기 그 자체가 뭐냐. 생명이란 얘기거든. 하나란 말이야. 나눌수 없는 거다 이 말이야. … 분리할 수가 없어요."(『나락 한 알 속의 우주』, 32쪽).

46 "일미진중(一微塵中)에 함시방(含十方)이라. 이건 불교의 화엄경에 있는 얘긴데, 티끌 하나에도 우주가 들어 있다는 이야기예요. … 모든 생명체와 또는 모든 유기체는 하나로 연결되어 끊으려야 끊을 수 없다는 것입니다."(장일순, 「서

모두 설명될 수 있음을 의미하는 것은 아니다. 그는 동아시아사상 전반, 더 나아가서는 그리스도교사상까지 폭넓게 아우르지만,[47] 그의 사상의 출발과 종착은 어디까지나 동학의 생명사상이다.

이런 점을 잘 보여주는 말이 살림이다. 생명이 존재론적·우주론적 용어라면 살림은 가치론적·실천적 개념이다. 즉 생명의 이치대로 사는 것이 바로 살림이다. 이것을 우주론과 인간관의 측면에서 말하면, '개체 속에서 전체를 볼 줄 알고 나와 남이 다르지 않음을 자각하면서 사는, 우주의 원리와 하나 되는 삶'이라고 할 수 있다. 즉 과학이나 자본이 아닌 생명의 눈으로 우주와 인생을 볼 줄 아는 삶인 것이다. 그래서 장일순의 한살림철학은 달리 말하면, '생명은 하나'[48]라는 '하나의 우주론'을 삶 속에서 실천하는 '살림의 윤리학'이라고도 할 수 있다.[49]

울 한살림 연수회 강연」(1991.4.11), 『무위당 장일순』, 175쪽).

47 장일순 사상의 포괄성은 다음과 같은 그의 말로부터 확인할 수 있다: "인간과 인간끼리, 인간과 자연이 조화를 이루는 해결의 길이 동학에도 있고 예수님 말씀에도 있고 부처님 말씀에도 있고 노장의 말씀에도 있습니다."(『나는 미처 몰랐네』, 141쪽).

48 『나는 미처 몰랐네』, 93쪽.

49 이러한 점은 장일순의 다음과 같은 말로부터도 확인할 수 있다: "한살림 운동을 한다는 것은 '우리는 이렇게 살아야 되지 않겠습니까?'하는 이야기를 나누는 것…."(『나는 미처 몰랐네』, 161쪽).

3. 장일순의 한알사상[50]

먼저 장일순의 하나철학의 한 축에 해당하는 한알사상에 대해서 살펴보자. 여기에서 말하는 한알사상이란, 앞서 말한 『나락 한알 속의 우주』에 나타난 일즉일체(一卽一切)사상을 말한다. 다만 일즉일체사상이 불교식 표현이라면, 한알사상은 장일순 자신의 언어로 표현했다는 점이 다를 뿐이다. 아울러 한알사상은 그 사상 형성에 최시형의 밥사상이 크게 작용하고 있다는 점을 보여주기에도 좋은 표현이다. 그래서 이 글에서는 한알사상이라고 표현하고자 한다.

그럼 먼저 최시형이 밥사상을 논하는 대목을 살펴보자.

사람은 하늘(님)을 떠나지 않고 하늘은 사람을 떠나지 않는다. 그래서 사람이 한번 호흡하고 한번 활동하고 한번 입고 먹는 것은 모두 (사람과 하늘이) 함께하는 메커니즘이다(人不離天, 天不離人. 故人之一呼吸·一動靜·一衣食, 是相與之機也).

하늘은 사람에 의존하고 사람은 (그 하늘이 생성한) 먹거리에 의

---

50 이 장은 조성환, 〈한국형 생명운동의 원류와 미래를 찾아서-장일순의 한살림철학을 중심으로〉(『개벽신문』 70호. 2017년 2월)에서 '장일순의 한알사상' 부분을 보완한 것이다.

존한다. 만사를 아는 것은 밥 한 그릇을 먹는 (이치를 아는) 것이다(天依人, 人依食. 萬事知, 食一碗).

사람은 먹거리에 의존하여 자신의 생장의 바탕으로 삼고, 하늘은 사람에 의존하여 자신의 조화를 드러낸다. 사람이 호흡하고 활동하고 움직이고 입고 먹는 이 모든 것은 하늘님의 조화의 힘이니, 하늘과 사람이 서로 함께 하는 메커니즘은 잠시도 벗어날 수 없다(人依食而資其生成, 天依人而現其造化. 人之呼吸・動靜・屈伸・衣食, 皆天主造化之力, 天人相與之機, 須臾不可離也).[51]

여기에서 최시형은 하늘[52]과 인간은 상호 협력 관계에 있고, 바로 그것 때문에 인간의 생활이 가능하고 하늘의 조화가 드러날 수 있다고 말한다. 구체적으로는 인간은 하늘이 생성한 먹거리를 먹으면서 생명을 유지하고, 나아가서 자기 안에 모시고 있는 하늘(자연의 생명력)에 의해서 숨을 쉬고 활동한다. 반대로 하늘은 인간의 그러한 활동을 통해서만 비로소 자신의 조화(작용)를 드러낼 수 있다.

이러한 하늘과 인간의 상호협력 메커니즘이 단적으로 드러난

---

51 『해월신사법설』「천지부모」, 134쪽.
52 동학에서 '하늘(님)'은 자연의 생명력과 그것의 인격적 표현을 가리키는 개념으로, 다른 말로는 '원기'(元氣)나 '일기'(一氣)라고 한다.

예가 '밥 한 그릇의 이치를 알면 만사지를 안다'는 말이다[萬事知 食一碗]. 이렇게 말할 수 있는 이유는 밥은 인간의 노력(경작과 취사)과 하늘의 조화(자연의 작용)의 협업의 산물이고, 밥이 없으면 인간은 생명을 유지할 수 없기 때문이다. 따라서 '밥'은 하늘의 도움과 인간의 노력의 합작에 의해서 인간의 생활(살림)이 가능함을 보여주는 대표적인 예이다.

전통적으로 동아시아에서 하늘은 절대적 존재로 여겨져 왔다. 반면에 최시형의 밥사상에서는 오히려 하늘의 불완전성[天依人]과 그것을 메워 주는 인간의 역할이 강조되고 있다.[53] 이것은 아마도 최시형에게 있어서 인간이, 단지 하늘의 명령에 따라 사는 수동적 존재가 아니라, 오히려 하늘의 조화를 인간 세상에 적극적으로 드러나게 해 주는 '또 다른 하늘'로 재해석되고 있기 때문일 것이다. "사람이 하늘이다"는 말에는 이러한 함축도 담겨 있다.

그렇다면 장일순은 이 밥사상을 어떻게 해석하였을까?

---

53 참고로 이러한 측면은 이미 최제우에게서도 '노이무공'(勞而無功)이라는 하늘의 말로 나타난 적이 있다. 최제우 앞에 나타난 하늘(님)은 "그동안 노력했지만 아무런 공이 없었다(勞而無功). 그런데 너를 만나 비로소 공을 이루었다"고 고백하였는데, 이것은 하늘님이 최제우라는 인간의 도움을 얻어 비로소 자기가 원하는 바를 이루었다고 하는 하늘의 불완전성과 인간의 보조 역할을 말해주는 장면이라고 할 수 있다. 조성환, 「천도의 탄생 - 동학의 사상사적 위치를 중심으로」, 『한국사상사학』 44, 2013 참조.

〈밥 한 그릇〉

해월 선생이 일찍이 말씀하셨어요.

밥 한 그릇을 알게 되면 세상만사를 다 알게 된다고.

밥 한 그릇이 만들어지려면

거기에 온 우주가 참여해야 한다고.

우주 만물 가운데 어느 것 하나가 빠져도

밥 한 그릇이 만들어질 수 없어요.

밥 한 그릇이 곧 우주라는 얘기지요.

하늘과 땅과 사람이

서로 힘을 합하지 않으면 생겨날 수 없으니

밥 알 하나, 티끌 하나에도

대우주의 생명이 깃들어 있는 거지요.[54]

　　여기에서 장일순은 최시형의 밥사상을 원문에 충실하게 '하늘과
인간의 상호협력'이라는 천인상여(天人相與)로 설명하면서도('하늘
과 땅과 사람이 서로 힘을 합하지 않으면 생겨날 수 없으니'), 마지막 부
분에서는 "밥 알 하나, 티끌 하나에도 대우주의 생명이 깃들어 있

---

54 이 외로도 다음과 같은 말을 들 수 있다: "밥 한 사발에 우주를 영(迎)하는 거다,
하늘을 영하는 거다.… 그 풀 하나에, 낱알 하나에 우주가 다 있는 거라."(『나는
미처 몰랐네』, 「이천식천」, 111쪽)

다"고 하는 한알사상으로 끝맺는다. 즉 해석의 중심이 하늘과 인간의 상호관계에서 부분(한알)과 전체(우주) 또는 개체와 만물의 관계로 이동하고 있는 것이다. 그 결과 밥 한 그릇에 담겨 있는 인간의 역할보다는 전 우주의 참여가 부각된다.[55]

밥 알 한 알, 더 나아가서는 모든 존재는 전 우주의 합작품이고, 그런 점에서 모든 존재 안에는 우주(의 생명력)가 들어 있다는 사상은 물론 동학 안에도 이미 있는 것이다. 가령 "만물 중에 하늘님을 모시고 있지 않은 것은 없다"[萬物莫非侍天主]는 최시형의 말은 "만물 안에는 우주적 생명력이 깃들어 있다"는 말에 다름 아니기 때문이다.

다만 이 명제로부터 최시형이 만물 각각의 존엄성을 보고, 그로부터 경(敬)이라는 윤리적 태도를 강조한다면[敬人·敬物], 장일순은 거기에서 하나의 개체를 가능하게 하는 전 우주적 참여를 보고, 그로부터 모든 존재의 불가분리성을 도출해 낸다는 점에서 차이가 있다. 그런 점에서 장일순은 동학의 시천주(侍天主)를 시우주(侍宇宙)나 시만물(侍萬物)로 재해석하였다고 할 수 있다.

이와 같은 재해석의 배경은 장일순이 산 시대와 무관하지 않을

---

55 이러한 점은 장일순의 "一碗之食, 含天地人"이라는 글씨에도 나타나 있다(『나는 미처 몰랐네』, 32쪽).

것이다. 그가 산 산업문명시대는 모든 존재가 실체적으로 이해되어 파편화되고, 인간과 자연의 분리가 가속화되는 시대이기 때문이다. 최시형이 산 시대가 신분차별에 의해 인간의 존엄이 훼손되고, 그런 점에서 인간의 존엄과 평등을 회복하는 것이 철학적 과제였다고 있다면, 장일순은 인간과 자연, 개체와 개체의 분리가 가속화되는 산업시대를 살았고, 따라서 이것들을 연결하는 작업이 철학적 과제로 부각되었던 것이다. 그리고 그는 그 연결고리를 생명은 하나라는 통찰에서 찾았는데, 이 통찰은 이미 동학이 제시하고 있었다.[56] 그의 사상이 동학에서 출발하는 이유는 여기에 있다.

4. 장일순의 불이사상[57]

다음으로 장일순의 하나철학의 또 다른 축인 불이사상(不二思想)을 살펴보자. 최제우와 최시형이 주로 하늘과 인간의 관계를 논

---

56 최제우는 『동경대전』에서 동학의 '하늘'을 '일기'(一氣)나 '원기'(元氣)라고 표현했는데, 여기서 '일기'나 '원기'는 "우주적 생명력은 근원적으로 하나이다"라는 표현에 다름 아니다.

57 이 절은 조성환, 「한국형 생명운동의 원류와 미래를 찾아서-장일순의 한살림철학을 중심으로」(『개벽신문』 70호. 2017년 2월)에서 '장일순의 평화사상' 부분을 보완한 것이다.

했다고 한다면, 장일순은 부분과 전체의 관계(한알사상)와 나와 타자의 관계(불이사상)에 주목한다. 그래서 동학에서는 "하늘과 내가 다르지 않다"는 천인불이(天人不二)를 강조하는 반면에, 장일순은 자타불이(自他不二) 내지는 만물불이(萬物不二)를 강조한다. 그런 점에서 이 부분도 동학과는 다른 장일순의 독특한 점이라고 할 수 있다.

먼저 장일순의 자타불이 사상의 출발이 되는 그의 자아관을 살펴보기로 하자.

〈내가 아닌 나〉

(전략) 자연과 인간, 또 인간과 인간 일체가 하나 되는 속에서

나라고 하는 존재는 고정적으로 있는 것이 아니에요.

일체의 조건이 나를 있게끔 해 준 것이지

내가 내 힘으로 한 게 아니다 이 말이에요.

따지고 보면 '내'가 '내가 아닌' 거지.

그것을 알았을 적에

생명의 전체적인 함께하심이

어디에 있는 줄 알 것이에요.[58]

---

58 『나는 미처 몰랐네』, 142쪽.

여기에서 장일순은 나는 남과 고립되어 존재하는 단독자도 아니고 고정되어 존재하는 불변의 실체도 아니라고 말한다. 이것은 "생명은 하나"라는 대전제와 그것을 바탕으로 한 한알사상(나라는 개체 안에 우주라는 전체가 들어 있다)에서 도출되는 자아관으로, 서구의 실체적 자아관과 극명하게 대비된다. 데카르트로 대변되는 서구 근대적 자아관이 이성의 실체성에 근거한 독립된 자아라고 한다면, 장일순의 자아관은 생명의 공공성을 바탕으로 한 우주적 자아이다. 나는 '나라는 생명을 유지하게 해 주는 우주의 모든 조건'에 의해 존재한다는 점에서 우주적 존재라는 것이다.

　이런 자아관에 따르면, 내 안에는 단지 나만 있는 것이 아니라 나 아닌 것도 들어 있는 셈이다. 반대로 내가 아닌 남 속에도 내가 들어 있다. 여기에서 나와 남은 별개라는 존재론적 이원론은 해소되고, 나와 남이 다르지 않다는 불이사상이 도출된다.

　　　나는 미처 몰랐네
　　　그대가 나였다는 것을
　　　달이 나이고 해가 나이거늘
　　　분명 그대는 나일세[59]

---

59 『나는 미처 몰랐네』, 첫 페이지.

이에 의하면 '나'는 '남'과 독립적으로 존재하지도 않고, '남'은 '나'와 무관하게 존재하는 것도 아니다. 나와 남은 모두 우주의 전 존재에 의해 지탱되는 공공적 존재이기 때문이다.

5. 보듬는 혁명론

이상, 장일순의 하나철학과 그것의 두 측면인 한알사상과 불이사상을 살펴보았다. 장일순은 이러한 우주론과 존재론을 바탕으로 실천철학을 도출해 내는데, 그것의 특징은 비폭력 평화사상이다.

> 상대가 '나'라는 것을 알아야 한다.
> 그래야 악순환이 끊어진다.
> 상대를 죽이고 가려 하면 악순환만 초래할 뿐이다.[60]

여기에서 장일순은 나와 남이 다르지 않다는 불이(不二)의 존재론을 바탕으로 비폭력이라는 행위 규범을 이끌어낸다. 설령 나에

60 『나는 미처 몰랐네』, 213쪽.

게 해를 끼친 가해자라 하더라도 폭력으로 되돌려 주어서는 안 된다는 것이다.[61] 폭력은 모든 존재는 생명으로 이어져 있다는 우주적 원리에 반하는 행위이기 때문이다. 여기에서는 이러한 실천철학을 편의상 살림철학이라고 부르기로 한다. 장일순은 이러한 살림철학을 바탕으로 보듬는 혁명론을 주장한다.

〈혁명〉

혁명이란 따뜻하게 보듬어 안는 것이에요.

혁명은 새로운 삶과 변화가 전제가 되어야 하지 않겠어요?

새로운 삶이란 폭력으로 상대를 없애는 게 아니고

닭이 병아리를 까내듯이

자신의 마음을 다 바쳐 하는 노력 속에서

비롯되는 것이잖아요?

새로운 삶은 보듬어 아는 '정성'이 없이는 안 되지요.

---

61 이 사상은 「나를 찌른 칼」이라는 그의 시에도 잘 나타나 있다: "자네 그렇게 옳은 말을 하다 보면 누군가 자네를 칼로 찌를지도 몰라. 그럴 때 어떻게 하겠어? 그땐 말이지, 칼을 빼서 자네 옷으로 칼에 묻은 피를 깨끗이 닦은 다음 그 칼을 그 사람에게 공손하게 돌려줘. 그리고 날 찌르느라고 얼마나 힘들었냐고 고생했냐고 그 사람에게 따뜻하게 말해 주라고. 거기까지 가야 돼."(『나는 미처 몰랐네』, 49쪽)

혁명이라는 것은 때리는 것이 아니라

어루만지는 것이에요.

아직 생명을 모르는 사람들하고도 만나라 이거에요.

보듬어 안고 가자는 거지요.

그들도 언젠가는 알게 될 겁니다.

상대는 소중히 여겼을 때 변하는 것이거든요.[62]

장일순은 이와 같은 비폭력적 삶의 방식을 무위의 행위 양식이라고 말한다. 무위의 행위 양식이란 생명은 하나라는 우주적 원리에 따라 사는 공공적 삶으로, 여기에는 일체의 이해관계가 개입되지 않는다.[63] 이러한 혁명, 즉 비폭력적 삶의 양식으로 세상을 바꾸는 혁명을 동학에서는 개벽이라고 하였다.

---

62 『나는 미처 몰랐네』, 70쪽.
63 「하나」 "사랑의 관계에 있어서는 '너'와 '나'라는 관계가 아니라 '하나'라는 관계, 동체(同體)라고 하는 관계, 무아(無我)의 관계지요. 무위라는 것은 그런 속에 있어서 하나의 행위 양식이라고 할 수 있어요. 무위는 계산법이 없으니까 '이렇게 하면 이로우니까'의 관계가 아니라는 거예요."(『나는 미처 몰랐네』, 125쪽)

6. 장일순과 한국사상

장일순의 하나철학은 천도교나 원불교의 한울 개념과도 상통한다는 점에서 현대 한국철학의 맥을 잇는다고 할 수 있다.

> 조석으로 끼마다 상머리에 앉아 한울님의 큰 은혜에 감사하자.
> 하늘과 땅과 일하는 만민과 부모에게 감사하자.
> 이 모두가 살아가는 한 틀이요 한 뿌리요 한 몸이요 한울이니라.[64]

여기에서 '모두가 한 뿌리요 한 몸'이라는 한울 개념은 원불교의 '한 울안 한 이치' 사상과 상통하고,[65] 그 한울 개념을 인격화하여 신앙의 대상으로 삼는 점은 천도교 사상과 일치한다.

또한 그의 하나철학에 나타난 화엄적 세계관은 생명에 바탕을 둔 연기설이라는 점에서 불교적인 연기설과 차이를 보인다. 굳이 이름을 지어 부른다면 동학적 연기설 또는 생명연기설이라고 할 수 있을 것이다.

---

64 『나는 미처 몰랐네』 103쪽.
65 원불교의 창시자인 소태산 박중빈의 뒤를 이어 원불교를 이끈 정산 송규의 사상.

이러한 생명연기설은 원불교의 일원철학과도 맞닿아 있다. 류병덕에 의하면, 원(圓)불교에서 말하는 일원(一圓)이란 우주에 가득 찬 생명력을 말하고, 이 일원의 세계는 생명의 인과법칙(그물망)에 의해 작동되는데, 이 생명인과의 법칙을 자각해서 삶 속에 실천하는 것이 원불교의 평화철학이라고 한다.[66] 이 해석에 의하면, 원불교의 일원철학과 평화철학은 장일순의 생명연기설에 바탕을 둔 살림철학과 그것에서 도출된 평화철학과 일맥상통한다.

한편 장일순은 3·1운동과 한살림철학의 비폭력정신의 뿌리는 동학에 있다고 본다.

> 3·1 만세에 민족의 자주와
>
> 거룩한 민족의 존재를 천명하는 속에서도
>
> 비협력과 비폭력이라고 하는 정신이 깃들어 있었어요.
>
> 그것이 바로 동학의 정신이에요. (중략)
>
> 모든 종교가 이제는
>
> 자기 스스로 가지고 있던 아집(我執)의 담을 내리고
>
> 서로 만나면서
>
> 이 지구에 한 삶터, 한 가족, 한 몸, 한 생명

---

66 류병덕, 『원불교와 한국사회』, 시인사, 1986, 353~354쪽.

이것을 어떻게 풀어갈 것이냐

하는 것을 서로 얘기해야 돼요.[67]

  여기에서 장일순은 3·1운동의 비폭력정신이 동학에 연원하고 있으며, 자신이 주장하는 비폭력 평화운동도 동학에 뿌리를 두었음을 시사한다. 더 나아가서 동학정신에 바탕을 둔 한살림철학 - 한 삶터, 한 가족, 한 몸, 한 생명 - 을 현대 종교가 나아가야 할 방향으로 제시한다.

  이상으로 장일순 사상의 구조를 동학과의 관계를 중심으로 간략하게 살펴보았다. 그의 한살림철학은 오늘날 사상의 부재에 시달리는 한국사회에 시사하는 바가 크다고 생각한다. 그것은 자기 전통에 대한 이해를 바탕으로, 자기 머리로 고민하여 자기 몸에 맞는 철학적 처방을 찾으려 한, 대표적인 한국학의 사례이기 때문이다.

---

67 「상대를 변화시키며 함께」, 『나는 미처 몰랐네』 113쪽.

제2부

개벽파의 자생적 근대*

* 이 글은 『개벽신문』 55호(2016년 6월호)에 실린 「(한국학 어떻게 할 것인가③) 주체적 근대의 모색 - 한국학으로서의 동학」의 첫머리에 해당하는 「한국 근대의 출발점은?」 이다.

서장: 한국 근대의 기점

일본에서 공부할 때, 또는 일본학자들의 글을 읽으면서 느꼈던 공통된 특징 중의 하나는, 전공을 불문하고 거의 대부분이 메이지 유신이나 전전(戰前)과 같은 일본 역사의 특정한 시점에서 논의를 시작한다는 점이다. 즉 동양학을 하든 서양학을 하든, 그가 일본인 이라면 거의 예외 없이, 일본 근현대사의 특정한 사건을 화두로 삼아서 자기 이야기를 시작하는 것이다. 여기에는 근대화의 성취라는 성공적인 기억을 반추하는 측면과, 그것의 비극적인 결말에 대한 반성이 중첩되어 있는 것 같다.

그러나 좀 더 본질적으로 이 문제를 분석해 보면, 나는 그것이 학문의 준거를 어디에 둘 것인가에 대한 태도와 관련이 있다고 생각한다. 즉 일본학자들은 '지금 여기'라고 하는 구체적인 현실에서 학문을 시작하는 것이다. 그런 점에서 이러한 경향은 일종의 현실적인 학문관을 반영한다고 할 수 있다. 이러한 성향은 몇 년 전에 참여한 교토포럼에서도 재차 확인할 수 있었다. 다만 그 기점이 메이지유신에서 3·11대지진으로 이동하였다는 차이가 있을 뿐이다. 다시 말하면 근대라는 기점에 더해서 현대라는 기점이 새로 추가된 것이다. 그리고 이 새로운 기점은, 단지 전쟁에 대한 반성과 성찰을 넘어서, 근대문명 자체에 대한 총체적인 비판이라는 성격을 띠고 있었다.

정리해 보면, 메이지유신이 일본학자들의 근대에 대한 논의의 출발이라고 한다면, 3·11대지진은 현대에 대한 논의의 출발점이라고 할 수 있다. 그렇다면 우리에게 일본의 메이지유신과 같은 근대를 알리는 논의의 출발점은 무엇이 될 수 있을까? 나는 그것이 동학과 개벽파라고 생각한다.

제1장/ 실학과 근대[1]

얼마 전까지만 해도 한국의 근대를 논할 때 단골처럼 등장했던 주제는 실학이었다. 조선후기의 사상적 경향에 '(서구적) 근대의 맹아로서의 실학'이 있었다는 것이다. 이런 역사관은 1930년대 몇몇의 조선학 운동가들에 의해 처음 제기되었다. 그 뒤로 1950년대에 천관우가 실학의 외연을 확대시켰고, 1970년대에는 이우성이 '경세치용·이용후생·실사구시'라는 세 개의 실학파를 제시함으로써 정설이 확립되었다.

그러다가 1990년에 철학자 김용옥이 실학허구론[2]을 내놓은 뒤로는 회의론이 조금씩 대두되기 시작하였다. 이어서 2000년대에 동경대학의 오가와 하루히사 교수와 서강대학의 정인재 교수가 종래의 서구중심적 실학론을 비판하면서, "조선후기의 실학은 실용실학이 아닌 실심실학이었다"는 주장을 하였다. 이 논의는 아직

---

1   이 절은 『문학·사학·철학』 52집(2018년 봄·여름호)에 수록된 「영성과 근대 -일본화된 한국사상사를 넘어서」의 「II-1. '실학' 개념의 재고」를 수정한 것이다.
2   김용옥, 『독기학설』, 통나무, 2004(초판은 1990).

학계에서 제대로 부각되지 않았지만, 핵심을 찌르고 있다고 생각한다.

현행 중고등학교의 한국사 교과서에서는 실사구시학파는 아예 제외되었고 실학이 근대지향적이었다는 적극적인 주장도 찾아보기 어렵지만, 여전히 농업개혁론(경세치용)과 상업개혁론(이용후생) 중심의 실학론이 강조되고 있는 상황이다. 이 장에서는 이러한 실학사관의 사상적 기원과 조선시대의 실학 개념, 그리고 한국근대사상사에서 실심실학론의 의미를 생각해보고자 한다.

1. 서양화된 조선사상사

우리는 대개 근대라고 하면 영성보다는 이성을 떠올리기 마련이다. 학교에서 데카르트가 말하는 이성적 주체가 근대철학을 열었다고 배우고, 역사책에서 서양의 근대는 정교 분리로 시작되었다고 학습된 이래로, 근대는 항상 이성과 동일시되어 왔다. 그리고 이때의 이성은 서구적 이성을 의미하였다.

반면에 영성이라고 하면 반이성적이거나 신비적인 것, 또는 중세적인 것을 연상시키기 십상이고, 따라서 영성과 근대와의 연관성을 묻는 일은 거의 없었다. 그래서 당연히 이성 중심의 서구적

사관으로 우리 근대사를 서술해 왔는데, 그 중심에 있는 것이 바로 실학과 개화 담론이다. 즉 조선후기의 개혁적 유학인 실학파에서 근대적인 특징이 보이고, 그것이 개화파로 이어졌다는 것이다.

한국의 근대를 서구의 이성 중심적 근대의 틀로 본격적으로 서술하기 시작한 것은 1930년대의 조선학운동에서부터이다. 정인보나 안재홍과 같은 당대 최고의 학자들이 정약용을 비롯한 조선후기 일군의 유학자들을 실증적이고 실용적인 실학자로 규정하기 시작한 것이다. 이어서 1950년대 천관우의 삼실론(三實論)을 거쳐, 1970년대에는 이우성이 이른바 삼대실학파(경세치용·이용후생·실사구시)를 정립하고, 이 학설이 이후에 교과서적인 정설로 굳어진다.[3]

확실히 조선후기의 일부 사상가들에게서 종래와는 다른 일련의 개혁론이 있었던 것은 사실이다. 그러나 실학 담론의 치명적인 문제는 과도하게 어느 한 부분만 부각시키면서 나머지 부분은 의도적으로 사상시키고 있는 점이다. 즉 실학자들에게서 보이는 이성적이고 과학적인 측면은 지나치게 강조되는 반면에, 그 반대편에

---

3   1930년대 이래의 실학연구사에 대해서는 김현영,「실학 연구의 반성과 전망」(『한국 중세사회 해체기의 제 문제(상)』, 1987, 311-337쪽), 지두환,「조선후기 실학연구의 문제점과 동향」(『조선시대 사상사의 재조명』, 역사문화, 1998) 등을 참조. 이 중에 '실사구시' 학파는 지금은 제외됨.

있다고 여겨지는 영성적이고 도덕적인 측면은 철저하게 무시되는 것이다. 이것은 마치 오늘날 한국의 역사학자들이 동학을 서술하면서 신분평등을 주장한 반봉건적인 측면은 높게 평가하면서도, 그것의 바탕에 깔려 있는 영성적이고 생명적인 세계관에는 무관심한 것과 유사하다.

이처럼 실학사상이나 동학운동을 서술하면서 특정 부분만 강조하고 나머지 부분은 무시하는 이유는 무엇일까? 그 답은 간단하다. 서구 근대를 중심으로 한국의 근대를 보기 때문이다. 서구 근대가 영성이나 종교와는 거리를 둔 채 진행되어 왔기 때문에 실학자나 동학을 볼 때에도 영성적이고 종교적인 측면은 철저하게 무시하는 것이다. 그래서 한국 근대사상사도 종교가 아닌 철학(유학)을 중심으로 서술되는데, 이러한 역사서술 방식은 한국의 역사를 쓰는 것이 아니라 서구의 계몽주의 역사를 쓰는 것에 다름 아니다.

2. 일본화된 실학 개념

이와 같이 서구의 계몽주의 또는 합리주의 역사에 짜 맞추어 조선후기사상사를 서술하는 계기를 간접적으로 제공한 것은 아마도 후쿠자와 유키치(1835~1901)의 실학 개념일 것이다. 일본의 카타오카 류 교수에 의하면, 후쿠자와는 종래의 동아시아적 세계관과 결별하고 서양의 기계론적 세계관에 기초하여 새로운 학문 개념을 주창하였는데, 그것이 그가 생각하는 실학이었다.

그래서 후쿠자와에게 있어서 실학이란 곧 science를 의미하고, 그것의 모델은 물리학이었으며, 이러한 학문이야말로 '문명의 학문'이라고 주장하였다. 따라서 이러한 학문관에서는 당연히 유학이나 종교와 같은 종래의 인문학은 적극적인 가치를 지니지 못한다. 실제로 그는 "지금의 문명의 학문을 종래의 일본 · 중국의 학문과 비교하여 양자의 차이점의 요점을 찾으면, 단지 물리학의 기초에 의거하고 있는가 아닌가의 차이에 있다"(『福翁百余話』「物理學」)고 하면서, 이러한 자연과학을 수용한 문명국 일본이 "문무의 힘으로 이웃 나라들을 보호하고 유도하여, 곧바로 일본처럼 지금의 문명의 경지에 도달시키지 않을 수 없다. 혹은 부득이한 경우에는 무력으로 그 진보를 협박하는 것도 있을 수 있다"(『福翁百話』「造化と争ふ」)는 일본문명론에 입각한 탈아론과 침략론을 정당화하고 있다.[4]

여기에서 우리는 조선후기 실학자들의 특징으로 규정되었던 '과

---

4 이상, 후쿠자와 유키치의 '실학' 개념과 인용문은 사사키 슌스케(佐々木集相) · 카타오카 류(片岡龍), 「일본과 한국에서의 '실학'의 근대화」(『한국종교』 43, 2018.03)를 참조하였다.

학적이고 실증적인 성향'으로서의 실학 개념의 원형을 보게 된다. 즉 1930년대의 조선학 운동에서 규정한 실학 개념은 그보다 적어도 30여 년 전에 후쿠자와 유키치가 사용하던 실학 개념에 이미 단초가 있었던 것이다. 결국 조선학운동 주창자들은 자신들이 의식을 했든 안 했든지 간에, 후쿠자와의 실학 틀을 빌려서 조선후기 사상사를 해석한 셈이 된다. 이것은 달리 말하면 일본의 근대를 특징짓는 학문 범주를 가지고 조선후기 사상사를 서술했음을 의미한다. 그리고 그 틀이 1세기가 되어 가는 지금까지도 우리의 인식을 지배하고 있다.

3. 조선의 실학 개념

이 점은 조선시대에 사용된 실학이라는 말의 본래 의미를 살펴보면 더욱 분명해진다. 거기에는 후쿠자와 유키치적인 과학이나 기술로서의 실학 개념은 찾아보기 어렵고, 실천성이나 현실성이 동반된 학문이라는 의미가 강조되고 있을 뿐이다. 대표적으로 조선왕조실록에 나와 있는 실학 개념을 살펴보면 다음과 같다.

조선왕조실록에는 실학이라는 말이 총 85회에 걸쳐 나오고 있는데, 조선중기에 해당하는 중종 시대가 제일 많고(23회), 이어서 조선 말기의 고종(11회), 그리고 조선 전기의 세종(10회)과 성종(8회)이 그 다음을 잇는다. 반면에 실학 시대에 해당하는 조선후기에는 영조 시대가 1회, 정조 시대가 6회에 머물고, 그 의미도 우리가 오늘날 생각하는 실학이 아닌 성리학을 가리키는 것이다. 예를 들면 다음과 같다.

이에 앞서 정미 연간에 이상황과 김조순이 예문관에서 함께 숙직하면서 당·송 시대의 각종 소설과 『평산냉연』 같은 서적들을 가져다 보면서 한가히 시간을 보내고 있었다. 그런데 임금이 우연히 궁궐에 들어와 있던 주서(注書)로 하여금 이상황이 하는 일이 무엇인가를 보게 하였는데 이상황이 마침 이런 책들을 읽고 있었으므로, 그것을 가져다가 불태우라고 명하고서는 두 사람에게 경전에만 전력하고 잡서는 보지 말라고 훈계하였다. 이상황 등이 그때부터는 감히 다시는 패관소설을 보지 않았는데, 이제 와서 남공철이 대책(對策)에 소품의 어투를 인용한 것을 보고, 마침내 공함을 보내 그의 답을 아뢰도록 명하였던 것이다. 그것은 그들이 나이가 젊고 재주가 있어서 그들로 하여금 실학에 힘쓰도록 하고 그들이 지향하는 바를 보려 함이었다.[5]

---

5   先是丁未年間, 相璜與金祖淳伴直翰苑, 取唐 宋百家小說及 『平山冷燕』等書以

여기에서 실학은 패관소설과 같은 잡서가 아닌 유교(성리학) 경전을 공부하는 학문을 의미한다. 이와 유사한 용례는 이 외에도 "진재(眞才)와 실학(實學)이 있는지를 타진해 본 다음에 안팎의 직책을 제수한다."[6] "명실을 따져서 실학인지 분별한다."[7] "(임금께서는) 정교(政敎)가 모두 지성(至誠)에서 추진되고 문장도 실학에 근본하시니 성(誠)으로서 가르치시는 것입니다."[8] 등으로 나온다.

이러한 의미의 실학은 정조 시대뿐만 아니라 조선왕조 전반에 걸쳐 통용되고 있는데, 가령 세종시대의 중신(重臣) 허조의 글에 나오는 "국학의 유생들이 오로지 사장(詞章)만 익히고 경서(經書)는 읽지 않으니 폐단이 실로 적지 않습니다. 이것은 다름이 아니라 과거 시험에서 강경(講經)하지 않기 때문이니, 만약에 강경법(=경전 시험)을 다시 시행하면 자연히 실학에 힘쓰지 않을 수 없을 것입니다."[9]라는 용례나, 중종시대에 중종이 "인재는 반드시 학교에서

遣閑, 上偶使入侍注書, 視相璜所事, 相璜方閱是書, 命取入焚之, 戒兩人專力經傳, 勿看雜書. 相璜等自是, 不敢復看稗官小說. 至是, 因南公轍對策, 用小品語, 遂命發緘以聞. 蓋以諸人年少有才, 欲其懋實學, 而視其志趣也. (정조실록, 16년 10월 24일 3번째 기사)

6 叩其眞才實學, 授以內外之職. (정조실록, 7년 1월 5일 7번째 기사)

7 綜核名實, 明知其有實學. (정조실록, 7년 1월 16일 1번째 기사)

8 政敎皆推於至誠, 文章亦本於實學, 敎以誠也. (정조실록, 8년 1월 18일 2번째 기사)

9 國學儒生, 全習詞章, 不讀經書, 弊固不小. 此無他, 科擧不講經故也, 若復行講經

나오는 것이니 선생이 유능하면 깨우칠 수 있다. 다만 만약에 실학을 숭상하지 않고 한갓 부문(浮文)만을 일삼는다면 학교라고 할 수 없다."[10]라고 말하거나, 이에 대해 방유녕이 "올해 강경(講經)에서 뽑힌 자가 매우 적은 것은 참으로 실학에 힘쓰지 않은 까닭입니다. 근년에 여러 번 별시(別試)를 행하였으나 모두 강경을 하지 않았기에 한갓 풍운월로(風雲月露)의 글만 숭상하고 실학에 힘쓰지 않습니다. 이제 비록 정시(庭試)를 보더라도 평시에는 유생들로 하여금 실학에 독실하도록 해야 합니다."[11]라고 말하는 가운데 나오는 '실학' 개념이 그러한 예이다.[12]

이 외에도 조선의 대표적인 주자학자 율곡 이이도 실학이라는 말을 사용하였는데, 그 의미 역시 도덕적 실천을 하는 학문이라는 뜻으로,[13] 앞에서 살펴본 조선왕조실록의 사례와 크게 다르지 않다. 이러한 용례들로부터 확인할 수 있는 것은, 1930년대에 조선학

之法, 則自不能不務實學矣. (세종실록, 19년 9월 3일 1번째 기사)

10 上曰: "…人材, 必由學校而出, 師長賢則可能敎誨. 但若不尙實學, 而徒事浮文, 則不可謂之學校也." (중종실록, 11년 5월 30일 1번째 기사)

11 有寧曰: "今歲講經, 與選者甚少, 良由不務實學也. 近年屢爲別試, 皆不講經, 故徒尙風雲月露之文, 不務實學. 今雖爲庭試, 然在平時, 當使儒士篤於實學也." (중종실록, 11년 5월 30일 1번째 기사)

12 조성환, 「'실천학'으로서의 '실학' 개념-율곡 개혁론의 철학적 기초」, 『철학논집』 33, 2013을 참조하기 바란다.

13 조성환, 위의 논문.

운동에서 사용된 실학의 의미는, 조선시대 유학자들의 것이라기보다는 후쿠자와 유키치적으로 변용된 개념이라는 사실이다.

4. 실심실학과 영성실학

한편 조선왕조실록에 실학보다 더 자주 등장하는 개념이 있는데, 그것이 바로 실심(實心)이다. 실심은 실학의 3배가 넘는 294회의 용례가 보이는데, 그것도 실학의 황금기라고 하는 영정조 시대에만 99회가 보인다(그 이외에 고종 시대에는 104번). 이것은 이른바 조선후기의 실학자들이 단지 실용이나 실리만 추구한 학자들이 아니었음을 시사하는 것으로, 바로 여기에서 오가와 하루히사나 정인재가 주장하는 실심실학론의 통찰이 의의를 찾을 수 있다.

오가와 하루히사는 대표적인 실학자로 알려진 홍대용(1731~1783)에게서 보이는 실심 개념에 주목하여 조선후기의 실학은, 근대 일본의 후쿠자와 유키치가 지향한 것과 같은 실업실학이 아닌 실심실학이었다고 주장하였다.[14] 또한 정인재는 조선의 양명학자 정

---

14 오가와 하루히사, 「실심실학 개념의 역사적 사명」, 경기문화재단 실학박물관, 『동아시아 실학, 그 의미와 발전 I』, 경인문화사, 2012, 117~132쪽.

제두(1649~1736)의 후학들이 자기 스승을 실심실학의 선구자라고 평가한 것을 근거로 정제두야말로 최초의 실심실학자였다고 하면서, 실학은 실심을 가지고 실천하는 학문이라고 정의하였다.[15]

이러한 실심 개념은, 조선후기에 들어서 홍대용이나 정제두와 같이 특정 학파나 당파에 상관없이 두루 사용되었는데, 그중에서도 특히 빈번히 나오는 "실심으로 실정을 행한다"(以實心行實政)[16]는 표현을 참고하면, 진정성이나 실천의지를 가리키는 말로 쓰인 것 같다. 또한 실학의 집대성자라고 알려져 있는 정약용의 실심사천(實心事天),[17] 즉 "참마음으로 하늘을 섬긴다"는 용례에 주목하면, 실심이 영성과 유사한 의미로도 쓰인다는 것을 알 수 있다. 즉 초월적인 하늘을 공경하고 두려워하는 마음이 실심인 것이다(정약용에게 있어 '하늘'은 유교적인 '천'보다는 천주교의 '신'에 가깝다). 그렇다면 적어도 정약용에게 있어서만큼은 실심실학은 영성실학이라고 불러도 무리는 아닐 것이다.

나아가서 유학 또는 성리학 자체가 영성을 추구하였고, 실학자

---

15 정인재, 「실심실학연구서설(I)」, 『신학과 철학』 14, 2009, 181~182쪽.
16 이 표현은 조선왕조실록에 총 39차례의 용례가 나온다. 1651년 효종 2년에 처음 보이는 것을 시작으로, 영조 때가 13번으로 가장 많고, 정조부터 고종 때까지 20번의 용례가 보인다. 선구적인 실학자로 알려진 이수광이 1625년에 쓴 「무실론」에도 보인다. 이상, 조성환, 「실천학으로서의 '실학' 개념」 참조.
17 『중용강의보』 「鬼神之爲德」.

들도 기본적으로 유학자 내지는 성리학자였다고 본다면, 조선후기 실학의 성격을 영성실학이라고 보아도 무방할 것이다. 이와 관련해서 『한국은 하나의 철학이다』의 저자 오구라 기조는 다음과 같이 서술하였다: "실학자들은 단순히 물질·현실·실용 중시주의자들은 아니었다. 어디까지나 성리학이라는 영성적 세계관을 견지하면서 현실 개혁을 지향한 학자들이었다고 생각해야 할 것이다. 가장 실리주의적인 실학자였던 박제가조차도 유배 후에는 오로지 성의(誠意)만을 강조했다. 이용후생은 단순히 실리적인 개념이 아니라 『서경』「대우모」의 원래 말처럼, 정덕(正德)→이용(利用)→후생(厚生)이었다. 그리고 '정덕(正德)'이라는 영성적 측면은 결코 부정되지 않았다. 원래 실학을 최초로 제창한 정인보도 양명학자로, 단순히 실리·실용을 중시한 인물은 결코 아니다."[18]

여기에서 오구라 기조가 말하는 성리학적 영성이란(성리학이라는 영성적 세계관), 흔히 종교에서 말하는 초월적 신과 관계하는 신비적 능력을 말하는 것이 아니라, 이른바 천인합일이나 만물일체와 같이 작은 나를 넘어서는 초월적 경지를 지향하는 성향을 가리키는 말로 이해할 수 있다. 실제로 그는 "경주나 영남지방에는 '하늘과 사람은 같다'고 하는 영적인 세계관이나, 대립하는 것끼리 회

---

18 小倉紀藏, 『朝鮮思想全史』, 「實學と靈性」, 筑摩書房, 2017, 188~189쪽.

통시키는 영성이 있고, 이것이 원효나 화랑이나 이퇴계나 최제우라는 형태로 역사의 표면에 때때로 분출하듯이 나타난 것이 아닐까?"(24~25쪽)라고 말한다.

결국 종래의 실학 담론의 대안으로서 제시된 실심실학론이 함축하는 것은 조선후기의 일부 사상가들이 현실 개혁을 추구하는 실학의 흐름을 형성했지만, 그것이 결코 후쿠자와 유키치에서와 같이 도덕이나 영성을 경시한 실용실학이나 실리실학이 아니라, 그것을 바탕에 두는 도덕실학 또는 영성실학이었다는 사실이다.

이와 같이 이른바 사회적 개혁(실학이나 실용)을 추구하면서도 내적인 영성(실심 또는 정덕)을 강조하는 경향은 이후에 동학을 창시한 최제우와 그 뒤를 이은 일련의 개벽종교에 이르면 더욱 강화된다. 동학농민혁명의 지도자 전봉준의 수심경천(守心敬天)과 보국안민(輔國安民),[19] 천도교 이론가 이돈화의 정신개벽과 사회개벽(『신인철학』), 대종교의 수전병행(修戰並行=수행과 전쟁의 병행), 원불교의 마음공부와 새생활운동 등은 모두 영성수련과 현실변혁을 병행하고자 했다는 점에서 공통적이다.

다만 이들 자생종교가 실학파와 달랐던 점은 실학파가 유학이라는 전통을 놓지 않은 채 그것을 보완하는 노선을 지향했다고 한

---

19 『전봉준공초』

다면, 이들은 유학과는 '다른' 세계를 꿈꾸었다는 데에 있다. 즉 정약용이나 최한기가 서학을 통해 유학의 보완이나 변화를 지향했다면, 최제우나 박중빈(원불교 창시자)은 유학과는 다른 새로운 길을 선택한 것이다. 이것을 그들은 개벽이라고 불렀다.

제2장/ 개벽과 개화[20]

　종래의 한국근대사상사는 개화파를 중심으로 서술되어 왔다. 실학파라는 범주도 일종의 개화파의 선구로서 상정된 개념이라고 할 수 있다. 이렇게 실학파와 개화파 중심으로 한국근대사상사가 서술되는 것은 서구 근대를 중심으로 한국 근대사를 보기 때문이다.

　그렇다면 동학이 추구한 개벽은 어떻게 이해할 수 있을까? 그리고 그것과 개화는 어떤 관계에 있을까? 아울러 동학에 이어서 나온 천도교에서 원불교에 이르는 자생종교는 이 틀에서 어떻게 자리매김될 수 있을까? 이 장에서는 이러한 문제의식 하에 개벽과 개화라는 틀로 한국근대사상사를 조망해 보고자 한다.

---

20 이 글은 『개벽신문』 57호(2016년 8월호)에 실린 〈(한국학 어떻게 할 것인가③) 개벽과 개화 - 근대에 대한 두 가지 접근〉을 수정한 것이다.

1. 서학의 개화

오늘날 논의되는 근대 담론은 어디까지나 서구적 근대를 가리키며, 그것은 곧 서구화를 의미한다. 따라서 한국에서 근대화란 서구화의 다른 말에 다름 아니다. 동학 당시에 동아시아에서 근대화를 의미하는 말은 개화였다. 그리고 그것은 곧 문명화로 인식되었다. 즉 서양적인 것이 문명적이고 전통적인 것은 야만적인 것으로 간주되기 시작한 것이다. 이것은 문명의 기준이 중국에서 서양으로 넘어가고, 유학에서 과학으로 전환되었음을 의미한다. 당시에 서양은 과학기술과 부국강병의 상징이었고, 그 힘이 곧 문명적인 것으로 인식되었다. 그런데 이렇게 '서양=문명'의 도식을 만든 장본인은 다름 아닌 근대 일본이었다. 중국이나 한국이 유교적인 화이사상(華夷思想)에 젖어서 '서양=오랑캐'의 인식을 고집하고 있을 때에, 후쿠자와 유키치(1835~1901)와 같은 일본의 지식인들은 탈아입구(脫亞入歐)를 외치며 야만적인 아시아를 벗어나서 문명적인 서구로 진입하자고 하였다. 서양인들의 문명론에 입각하여 유교적인 화이관을 역으로 적용한 것이다. 말하자면 화이관(華夷觀)을 양이관(洋夷觀)으로 전환시킨 것이다. 따라서 오늘날 동아시아의 서양우월주의자들도, 큰 틀에서 보면 모두 후쿠자와 유키치의 후예들이라고 해도 과언이 아닐 것이다.

당시에 서구적인 개화와 문명의 총칭은 서학(西學)이나 양학(洋學)이었다. 서학이나 양학은 서양에서 유래한 학문을 의미함과 동시에 서양을 배우겠다는 학문적 태도를 가리킨다. 이것은 마치 유교의 별칭이기도 한 성학(聖學)이 성인이 세운 학문이자 성인이 되기 위한 학문을 의미하는 것과 유사하다. 조선에서 서학은 청나라를 통해 이른바 실학자들에 의해 수용되었고, 그 흐름이 구한말의 개화파로 이어졌다고 한다. 그러나 이들의 주된 관심은 어디까지나 과학보다는 사상이나 종교 또는 제도에 치중해 있었고, 그것을 현실화하기에는 유교적인 제약이 강했다. 반면에 일본은 동아시아에서 개화의 선두주자였다. 그들은 서구적 과학기술을 수용하여 구축한 막강한 군사력을 앞세워 한국과 중국으로 침입해 들어왔다. 서양 근대의 힘을 발 빠르게 자기화한 것이다. 이 힘은 구한말의 조선인들에게는 자립과 자생 발전을 위해서는 거부할 수 없는 현실로 다가왔다. 그런 점에서 개화주의자들이 일본에 관심을 보였던 것은 어쩌면 당연한 일일지도 모른다.

2. 동학의 개벽

이러한 서양 중심의 개화와 정반대의 길을 간 사상이 개벽이다.

개화가 지식인 주도의 전반 서구화를 표방했다면, 개벽은 민중 중심의 새로운 세상을 지향하였다. 개화파들은 대중을 계몽의 대상으로 보았지 역사의 주체로 인식하지는 않았다. 반면에 동학에서는 민중이 모심[侍]과 섬김[敬]의 대상으로 격상되었다. "사람이 하늘이다"라는 개벽과 같은 선언은 민중들에게 자부심을 불어넣고 주인의식을 심어주기에 충분하였다.

뿐만 아니라 개화파들에게 한국의 전통사상은 미신적이거나 전근대적인 것으로 간주되었을 뿐, 새로운 세상을 열기 위한 사상적 자원으로 대접받지 못하였다. 반면에 동학의 개벽은 한국의 토착적인 하늘 개념을 바탕으로 민중들 스스로가 새로운 세상을 열고자 하는 사상운동이었다. 그것은, 최제우의 사근취원(捨近取遠, 가까운 것을 버리고 먼 것을 취한다)에 대한 경계나 최시형의 향아설위(向我設位, 나를 향해 제사를 지내라)로의 전환에서 엿볼 수 있듯이, 새로운 사상의 근원을 밖이 아닌 내 안에서 찾으려는 운동이다. 최제우가 서학과의 대비 속에서 동학이라는 명칭을 사용한 것도 이런 의미를 담고 싶었기 때문이리라.

그런데 동학의 개벽은, 흔히 학계에서 설명되듯이, 우주론적인 의미에서의 후천개벽이 아니다. 즉 운세가 바뀌니 새로운 세상이 저절로 도래한다는 『정감록』적인 종말론만으로는 동학의 본질을 온전히 설명하지 못한다. 무엇보다도 운세의 개벽은 학(學)이 되지 못하기 때문이다. 전통시대 동아시아에서의 학은 기본적으로 수양을 의미하였다. 수양은 심신의 훈련을 통해서 자기와 세상을 변화시키고자 하는 체계적인 노력을 말한다.

그래서 동학의 개벽은, 앉아서 이상세계가 도래하기를 기다리는 소극적인 구원론이 아니라, 끊임없는 자기 수련을 통해서 새 세상을 열겠다는 적극적인 수양학이다. 즉 운수가 바뀌어서 저절로 새 세상이 열리는 것이 아니라, 그 운수를 타고 수양을 통해서 새 세상을 열겠다는 강력한 의지의 표현인 것이다. 그 수양의 요체가 바로 수심정기(守心正氣)이다.

이렇게 보면 최제우의 사상적 작업이란 상수역학(象數易學)이나 『정감록』과 운수사상을 동아시아적인 학의 차원으로 전환시켰음을 알 수 있다. 즉 요즘 식으로 말하면 인문화한 것이다. 이것은 그가 아버지로부터 유학(儒學)이라는 학의 체계를 철저하게 습득하고 있었기 때문에 가능했을 것이다(최제우의 아버지는 퇴계 학맥을 잇는 대유학자였다). 그러나 그는 역설적으로 유학이라는 전통적인 학문 체계를 뒤집음으로써 그것을 완성하였다. 바로 여기에 동학이라는 개벽의 묘미가 있다.

3. 제3의 길

최시형이 제시한 향벽설위(向壁設位)에서 향아설위(向我設位)로
의 전환은 사상의 중심이 외부에서 내부로 이동되었음을 의미한
다. 향벽설위의 '벽'은 유교에서 중시하는 성인이나 조상을 가리킨
다. 반면에 '아'는 지금 여기에 살아 있는 '나 자신'을 가리킨다. 그
'나'에는 노비나 여성까지 포함된다. 최시형이 보기에 성인이나 조
상을 가치의 중심에 두는 유교적 세계관은 인간의 차등적 서열을
조장할 뿐이다. 그 차등적 서열을 제도화한 것이 예(禮)이다.

반면에 동학은 생명을 가치의 중심에 둔다. 동학이 지향한 새로
운 세상은 생명가치를 중시하는 생명 중심 사회이다. 그래서 생명
을 가진 모든 존재가 다 가치의 중심이 된다. 이 생명을 인격적으
로 표현한 말이 하늘님이다. 최제우는 한국에서 전통적으로 최고
의 위치에 있던 하늘을 인격화된 우주적 생명력으로 재해석하였
다. 그리고 그 우주적 생명력으로서의 하늘님을 존중하는 것을 수
심(守心)의 수양법으로, 그것을 기르는 것을 정기(正氣)의 수련법
으로 제시하였다.

이와 같은 하늘의 재해석으로 인해 모든 개체는 누구나 존중받
아야 할 대상으로 탈바꿈하게 된다. 그래서 예(禮)가 아닌 경(敬)이
학문의 중심이 된다. 예가 차등적 신분질서를 전제로 하고 있다면,

경은 수평적 타자윤리를 지향한다. "하늘은 반상(班常)을 구별하지 않는다"(『해월신사법설』「포덕」)는 최시형의 말은 유교적 예치사회에 대한 거부이자 새로운 타자윤리의 표방이다. 이 새로움이야말로 동학이 추구한 자생적 근대이다.

최시형의 향아설위는 제사 그 자체를 부정하지는 않았지만 제사의 대상을 '살아 있는 나'로 전환시킴으로써 제사의 의미를 탈(脫) 유교화해 버렸다. 죽은 조상이나 성인을 모시는 것이 아니라 내 안의 하늘님을 모시는 제사라면 그것은 이미 유교적 제사가 아닌 것이다. 그런 의미에서 동학은 유학을 계승했다기보다는 유학을 개벽했다고 할 수 있다. 유학에서 새로운 차원을 열어 시대를 앞서가는 사상을 제시한 것이다. "유도(儒道) 불도(佛道) 누천년에 운이 역시 다했던가"(『용담유사』「교훈가」)라는 최제우의 말 속에는 이미 유교가 개벽되어야 할 대상임을 시사하고 있다.

그러나 역설적이게도 최제우와 최시형은 유교를 개벽했다는 이유로 처형당하게 된다. 모든 가치의 근원을 생명에 둠으로써, 비로소 전통적인 중국적 세계관에서는 탈피했지만, 바로 그 이유 때문에 유교적 지식인들에 의해 혹세무민[左道亂正] 죄로 몰리게 된다. 생명을 주장함으로 인해 생명을 빼앗긴 것이다.

이처럼 최제우는 유학이 쇠퇴하고 서학이 밀려드는 시대적 전환기에, 유학적 개화[東道西器]도 아니고 서학적 개화[脫亞入毆]도 아닌 제3의 길로서의 한국적 개벽을 선택하였다. 그리고 그것을 동학이라고 불렀다. 그런 의미에서 동학은 실학으로 분류할 수 있다. 여기서 말하는 실학이란 자신이 처한 현실에서 문제의 해결책을 찾고자 하는 학문적 태도를 말한다.

　최제우 이전의 실학의 선구자로는 세종을 들 수 있다. 세종은 중국이 아닌 한국의 현실에 맞게 한글과 음악[21]과 달력(시간)을 창제하였기 때문이다. 그러나 그런 세종조차도 독자적인 사상을 창조한 것은 아니다. 반면에 동학은 자기 나름의 세계를 창조하였다[作]. 그리고 그것을 세종이 창제한 한글에 담아냈다.(『용담유사』) 그런 점에서 동학은, 마치 세종이 그러하듯이, 그 자체가 한국문명사에서의 하나의 개벽과도 같은 사건이었다.[22] 즉 개벽을 주창한 동학사상 자체가 한국사상사의 개벽인 것이다.

4. 동학농민개벽

　동학이 단순한 정치적 혁명과 다른 점은 그것이 수양을 동반하

21　세종의 음악 창제에 관해서는 송성섭, 「세종의 음악창제 - 세종의 신악과 정간보의 창제원리」, 서강대 철학과 박사학위논문, 2016을 참조.
22　조성환, 〈세종의 한글창제와 동학의 개벽정신〉, 『리더십에세이』 155, 2014.3.10.

는 '학'에 바탕으로 두고 있다는 점이다. 『동경대전』의 「논학문」은 하늘님을 섬기는 수양에 관한 이야기로 가득 차 있다. 시천주(侍天主, 하늘님을 모셔라), 수심정기(守心正氣, 마음을 지키고 기운을 바르게 하다), 경천주(敬天主, 하늘님을 공경하라) 등등. 전봉준은 이것을 수심경천(守心敬天, 마음을 지키고 하늘을 공경한다)[23]이라고 요약하였다.

　수심경천은 곧 생명을 존중하는 수양을 말한다. 동학농민군의 「사대명의」 중 첫 번째가 "살생하지 않는다"(勿殺生)였다는 사실은 동학의 생명 중심주의를 전쟁에서까지 실천하고자 했음을 의미한다. 이것을 동학연구자 박맹수는 '살림의 군대'라고 표현하였다.[24]

　살생하지 않는 군대는 곧 평화의 군대를 의미한다. 그런데 평화가 단순한 전쟁반대나 갈등해소가 아닌 우주론적인 생명사상에 의해 뒷받침되고 있는 것이 동학의 특징이다. 전 교토대학 교수인 쓰치다 다카시(槌田劭)[25]는 필자와의 개인적인 대화에서, '동학의 평화사상은 간디와 톨스토이와 비견할 만하다'고 평가하였다(참고

---

23 "東學是守心敬天之道, 故酷好也"(동학은 수심경천의 도이기 때문에 대단히 좋아한다) 『전봉준공초』
24 박맹수, 〈2014년, 우리는 왜 '동학'에 집중해야 하나〉, 『원대신문』, 2014년 3월 30일자.
25 『지구를 부수지 않고 사는 법』의 저자이다(양윤옥 번역, 한살림출판사, 1993년)

로 톨스토이는 최제우보다 4살 어린 동시대 인물이다). 이렇게 보면, 동학·톨스토이·간디 등은 모두 서구의 제국주의적 근대와는 또 다른 '생명(평화)적 근대'를 지향했음을 알 수 있다.

5. 서학과의 만남[26]

35년 이상 동학을 전국에 포교한 최시형이 조선이라는 전통시대의 마지막을 살다간 인물이었다고 한다면, 그 뒤를 이은 손병희(1861~1923)와 이돈화(1884~1950)는 서구적 근대를 수용하는 역할을 담당하였다. 일제강점기 시대까지를 살았던 이들은 동학을 합법적인 종교(religion)로, 그리고 이론적인 철학(philosophy)으로 체계화하고자 하였다. 이것은 달리 말하면 동학의 이론화이자 서구화에 해당한다. 손병희의 천도교로의 개칭(1905)과 이돈화의『신인철학』(1931)이라는 저술의 제목은 이런 점을 단적으로 보여주고 있다.

손병희는 동학을 천도교로 개칭하면서 대대적인 의례 개혁을

---

26 이 절은『역사연구』28집(2015)에 실린「'생명'의 관점에서 본 동학사상사」의 「IV. 근대화되는 천도」를 수정한 것이다.

단행하였는데, 그 결과 검무나 부적[靈符]과 같이 주술성이 강한 의례는 약화되고, 대신 기독교의 예배 의식과 같이 정기적으로 모여서 기도[心告]하고 찬송[天德頌]하고 설법[說敎]하고 주문을 외우는 시일(侍日) 예식이 도입되었다. 이것은 동학이 서구의 근대적인 종교의 형태를 지향해 나아가고 있음을 보여준다.[27] 또한 이돈화는 1920년에 창간된 『개벽』지에 「종교상으로 본 인내천주의」, 「철학상으로 본 인내천주의」 등의 논문을 발표하였다(당초 예정되었던 「과학상으로 본 인내천주의」는 발표되지 못했다).[28] 이것은 곧 종교나 철학 또는 과학이라는 서구적인 틀로 동학사상을 설명하고자 하였음을 의미한다.

그러나 이들이 서구 근대적인 세례를 받았다고 해서 동학 본래의 사상에서 일탈한 것은 결코 아니다. 가령 손병희는 "사람의 권능이 한울을 이기면 한울이 사람의 명령 아래에 있고, 한울의 권능이 사람을 이기면 사람이 한울의 명령 아래에 있으니, 이 두 가지는 다만 권능의 균형에 있는 것이다"[29]라고 하면서, '한울'(하늘님)

---

27 최종성 『동학의 테오프락시 : 초기 동학 및 후기 동학의 사상과 의례』, 민속원, 2009, 188~197쪽 참조.
28 김용휘, 「천도교의 문화운동론과 서양철학 수용」, 『한국사상사학회 제166차 월례발표회 발표문』, 2013년 11월 9일, 6쪽 참조.
29 『의암성사법설』「무체법경」

과 인간을 일방적인 의존관계가 아닌 상호적인 균형관계로 규정하는데, 이러한 천인관계는 일찍이 최제우나 최시형에게서도 노이무공-우여성공(勞而無功-遇汝成功)이나 천인상여(天人相與) 등의 형태로 보인다.

　이돈화 역시 수운의 사상을 한편으로는 과학적인 진화론의 관점에서 설명하면서도, 다른 한편으로는 서양의 진화론이나 기독교의 창조론과의 차별성을 부각시키고 있다.

> 과학적 진화설은 작용의 편을 말하고 본체의 편은 말하지 않는데 반하여 수운주의 진화설은 본체론으로부터 작용론에 이르게 된 것이다. … 적은 개자(芥子, 겨자) 종자 속에도 생명이 머물러 있고 원형질 세포에도 생명이 … 있는 것으로 보아 우리는 먼저 우주에는 일대 생명적 활력이 있음을 알 수 있다. 이 활력을 수운주의에서는 지기(至氣)라 하고 지기의 힘을 한울이라 한다. 그러므로 대우주의 진화에는 한울의 본체적 활력, 즉 생생무궁의 생명적 활동의 진화로 만유의 시장을 전개한 것이라 보는 것이다. 이와 같은 본체적 한울은 만물의 원인이 된다. 그러나 이것이 인격적 신처럼 의지를 가지고 만물을 창조하였다는 말은

아니다.[30]

여기에서 이돈화는 한편으로는 동학적 세계관에 입각해서 우주의 진화론을 설명하면서, 다른 한편으로는 - 마치 최제우가 서학과의 유사성을 말하면서도 차이를 밝혔듯이[31] - 서양의 기독교적 신관과 동학의 천관을 구별짓는다. 즉 동학에서 말하는 하늘님(천도교의 한울)을 우주의 생명적 활동으로 설명하면서, 이것이 바로 진화의 원인이라고 주장한다. 나아가서 서양의 과학주의는 만물을 물리적인 운동을 하는 물체로만 파악할 뿐, 그 속에 내재된 본체로서의 생명력, 즉 한울에 대한 이해가 부족하다고 비판한다. 또한 만물은 기독교에서 말하는 인격적인 신의 피조물이 아니고, 그 자체로 하나의 능동적인 생명 주체임을 강조한다.

이상은 손병희나 이돈화가 비록 서양의 철학과 과학과 기독교라는 서구적 틀을 빌려서 동학을 해석하고 재편하면서도, 내용상에서는 여전히 동학의 기본사상을 유지하고 있음을 시사한다. 즉 이들은 동학의 내용을 서구근대라는 형식에 담고자 한 것이다. 아마도 이들은 이런 절충적 방식이야말로 당시에 동학을 유지하고

---

30 이돈화, 『신인철학』, 천도교중앙총부, 1968. 제1편 「우주론」, 제2장 「양적 한울과 우주의 본체」, 「2. 과학적 진화설과 수운주의 진화설의 차이점」 17~18쪽.
31 運則一也 道則同也 理則非也『東經大全』「論學文」.

발전시키는 최선의 방법이라고 생각했을 것이다. 그러나 그 대가로 동학 본래의 '도'로서의 측면은 상대적으로 약화된 감이 있다. 종교나 철학이라는 제도적이고 이론적인 옷을 빌린 대신에 '도'가 지닌 역동성은 그만큼 줄어든 것이다.

6. 개벽에서 개화로

동학이 추구한 개벽은 천도교(1905~)를 시작으로 증산교(1909~)와 원불교(1916~) 등으로 이어지게 된다. 이들은 모두 동학이 제창한 개벽사상을 공유하고 있었다. 가령 천도교는 '사람과 만물의 동시 개벽'(『의암성사법설』「人與物開闢說」)과 '정신개벽·민족개벽·사회개벽'(『신인철학』)의 삼대개벽을 주창하여 동학의 개벽을 시대적 흐름에 맞춰서 구체화하였고, 증산교를 창시한 강일순은 "나의 가르침이 참동학이니라"(『도전』 2편 94장), "전봉준은 진실로 만고의 명장으로 능히 천하를 움직였다. 말로라도 그의 이름을 해(害)하지 말라"(『도전』 4편 11장), "최수운은 내 세상이 올 것을 알렸고, 전봉준은 내 세상의 앞길을 열었느니라"(『도전』 2편 31장)고 하였다. 마찬가지로 원불교에서도 수운 최제우와 증산 강일순과 소태산 박중빈을 모두 후천개벽의 선지자들도 평가하였다(『대종경』

「변의품」).[32]

　이처럼 동학 이후의 개벽종교들은, 내용과 방법은 조금씩 달랐지만, 대부분 동학의 개벽운동을 또 다른 방식으로 전개하였다. 이렇게 보면, 동학은 이후의 자생종교의 물꼬를 터주는 역할을 했음을 알 수 있다. 그런 점에서 그것은 한반도에서 탄생한 한국종교의 통칭이라고 해도 과언이 아닐 것이다(실제로 동학의 '동'은 최치원 이래로 '동방', 즉 한반도를 일컫는 말로 쓰어 왔다).

　중국에서 건너온 불교나 유교가 아닌, 그렇다고 해서 서양에서 전해진 서학도 아닌, 한국에서 생겨난 자생종교로 세상을 바꿔보자는 것이 '개벽'이고, 그것을 동학 이후의 증산교와 원불교에서도 공감하고 있었다면, 동학이야말로 한국 자생종교의 대명사에 다름 아니기 때문이다. 최제우가, 자신의 호를 따거나 이전 종교의 명칭을 빌려오지 않고, 단순히 동학이라고 명명한 데에는 이러한 함축이 담겨 있다.

　한편 동학을 이은 천도교는 개벽을 발전시키면서 동시에 개화도 수용하였다. 그래서 최제우에게 일본이 타도의 대상이었다고 한다면, 천도교에게 있어서는 학습의 대상이었다고 할 수 있다. 이것은 천도교가 일본을 통해 서구의 힘을 몸소 경험했기 때문일 것

---

32 박맹수, 〈개벽의 선지자들〉, 『월간 원광』, 2015년 6월호, 7월호.

이다. 실제로 천도교를 선포한 손병희는 서양의 발달된 물질문명을 보면서 '천지가 크게 변하는 창시의 운[33]이라고 평가하였다. 동시에 1904년 러일전쟁을 계기로 문명개화로의 노선 전환을 감행하였다.[34]

서양의 물질문명에 대한 이와 같은 인식의 변화는 물질 그 자체에 대한 진지한 성찰로 드러났다. 가령, "천지만물은 지기(至氣=지극한 기운)이지만 그 작용은 물질[物]과 마음[心]으로 나타나기 때문에 물질[物]과 마음[心]의 수행을 병행해야 한다"(이돈화,『천도교창건사』제3편)거나, "종교적 정신개벽에 의해 인간의 성능(性能)을 최대한 발휘하고, 정치적 사회개벽에 의해 인간의 생활을 최고도로 향상시킨다"(천도교총본부,『천도교정치이념』, 290쪽)와 같은 생각들이 대표적인 예이다.[35]

천도교뿐만 아니라 원불교 역시, "물질이 개벽되니 정신을 개벽하자"는 개교 표어로부터 엿볼 수 있듯이, 물질문명시대의 도래를 분명하게 인식하고 있었다. 그리고 이에 대한 대응으로, 천도교가 성신쌍전(性身雙全)을 주장하며 '정신생활과 물질생활의 동귀일체'

33 『의암성사법설』「삼전론」; 이돈화『천도교창건사』.
34 정용서,「천도교의 '교정일치론'과 현실참여」, 원광대학교 종교문제연구소 학술대회 자료집,『한국 신종교의 종교현상학적 조명』, 2016년 6월.
35 정용서, 위의 논문.

를 지향했듯이[36], 원불교는 영육쌍전(靈肉雙全)을 주창하면서 정신[靈]과 육신[肉]의 동시 수양을 지향하였다. 이러한 사상을 바탕으로 원불교는 과학과 도학을 겸비한 전인적인 인재양성을 목표로 하였다.[37]

이상으로부터 알 수 있는 것은, 개화에 못지않게 개벽이야말로 근대한국사상사의 커다란 흐름이었다는 것이다. 아니 동학농민혁명과 같은 사건을 보면 개벽이야말로 한국의 근대를 연 가장 큰 물줄기였다고 할 수 있다. 그리고 그 뒤를 이은 천도교나 원불교는 개화까지도 수용해 나가는 양상을 보여준다. 개벽과 개화의 병진을 추구한 것이다. 이 두 물줄기는 오늘날에도 여전히 지속되고 있다.

---

36 전병제, 「성신쌍전의 의의」, 『신인간』 79, 1934년 5월.
37 원광대학교 원불교학과 홈페이지 참조.

제3장/ 토착적 근대[38]

 2017년 10월 20일~21일에 원광대학교 종교문제연구소 주최로
한일공동학술대회 〈한·일 전통사상의 근대화 과정과 비판적 성
찰〉이 열렸다. 이 학술대회는 19세기말~20세기초에 인도, 아프리
카, 동아시아 등의 비서구 지역에서 동시다발적으로 일어난 토착
적 근대화 운동(indigenous modernization movement)의 구체적인 사
례와 그것의 사상사적 의미를 고찰하는 자리로, 일본의 이슬람 연
구의 권위자인 이타가키 유조 명예교수(동경대학)와 한국을 대표
하는 신학자 김경재 명예교수(신학대학), 그리고 '토착적 근대' 개
념을 처음으로 제안한 기타지마 기신 명예교수(욧카이치대학) 등이
참여하였다. 이 세 연구자의 발표의 공통점은 전통사상을 바탕으
로 한 비서구적 근대화 운동, 즉 토착적 근대화 운동에 주목함으로
써 서구적 근대 개념을 상대화시키고, 나아가서 서구 중심적 역사

---

38 이 글은 『개벽신문』 제68호(2017년 10월)에 실린 〈〈한국학 어떻게 할 것인가
  ⑦〉 토착적 근대화와 개벽사상〉을 수정한 것이다.

관에서 탈피할 것을 촉구하고 있다는 점이다.

1. 전통의 근대화

일본을 대표하여 기조강연을 한 이타가키 유조(板垣雄三) 교수
는 「전통과 근대를 다시 묻는 진리파악(satyāgraha) - 병든 서구적
근대성의 말로에 즈음하여」라는 제목의 강연에서, 전통과 근대라
는 종래의 이분법적 사고에 근본적인 물음을 던지면서, 20세기 초
에 간디를 중심으로 인도에서 전개된 비폭력 정치투쟁인 사티아
그라하(satyāgraha=진리 붙잡기) 운동이 인도의 전통적 윤리규범인
야마스(yamas)에 뿌리를 두고 있다고 지적하였다.

가령 사티아그라하가 제시한 아홉 가지 행동양식 중에서 처음
세 개인 '비폭력 · 진리 · 훔치지 않기'는 야마스의 10개의 항목 가
운데 처음 세 개와 완전히 일치하고, 나머지도 야마스의 다른 항목
들로부터 파생된 것이라고 하였다. 이어서 이타가키 교수는 이러
한 유사성의 사상사적 의미를 다음과 같이 서술하였다.

부정 · 억압과 맞서 자유 · 정의 · 존엄 · 연대를 추구하는 20세
기 정치화(政治化) 운동에서, 기원전 1500년경부터 기원전 500

년경에 걸쳐 성립된 『리그베다』(인도의 聖典)에서 시작하여 『우파니사드』에 이르는 문헌이나, 시편(詩篇) 『바가바드 기타』 등이 지시하고 시사해 온 가치관들이 중요한 근거가 되었다. 근대성을 획득하고 성취할 힘을 뒷받침한 것이 전통적 가치였던 것이다. 따라서 이때의 근대성은 이들이 극복해야 할 대상인 제국의 식민지주의를 뒷받침했던 서구적 근대에 대한 엄격한 비판이 되지 않을 수 없다.

이 분석에 의하면 20세기 초에 일어난 인도의 독립운동은 일종의 근대화 운동이라고 할 수 있고, 이것을 뒷받침한 것은 인도의 전통사상이며, 이 전통사상에 뿌리를 둔 근대화 운동으로 서구적 근대에 대항하여 독립을 위해 싸웠다는 것이다. 이러한 해석은 우리가 전통과 근대의 문제를 근본적으로 다시 생각하는데 중요한 단서를 제공한다. 왜냐하면 전통사상에 근대성의 방해나 좌절과 같은 부정적인 이미지가 아니라, 동력이나 토대라는 적극적인 지위를 부여하기 때문이다.

물론 우리에게도 전통과 근대를 연속선상에서 파악하려는 시도가 없었던 것은 아니다. 그 대표적인 것이 일제강점기에 탄생한 실학이라는 사상사 서술 범주이다. 그러나 실학사관은 어디까지나 서구적 근대에 기준을 둔 역사관이다. 즉 홍대용이나 정약용 등을 전통에, 그리고 실증이나 과학 등을 '근대'에 각각 등치시켜, 유학자들에게서 서구적 근대의 맹아를 찾고자 하는 시도였다.

이에 반해 이타가키 교수가 말하는 근대는 오히려 그러한 서구적 근대의 폭력에 대항한 반(反) 서구적 근대였다. 그리고 그것의 정신적 토대는 서구적 세계관이 아니라 토착적 세계관이었다. 그런 점에서 이타가키 교수의 근대는 실학적 근대라기보다는 동학적 근대에 가깝다. 왜냐하면 동학은 "척왜양(斥倭洋)=서양과 일본을 배척한다"라는 슬로건에서 알 수 있듯이, 그리고 동(東)이라는 명칭이 말해주듯이, 서구적(西) 근대에 저항한 한국적(東) 근대였기 때문이다.

이들이 당시의 위정척사파(衛正斥邪派), 즉 "유교의 정통(正)을 보호하고(衛) 서양의 이단(邪)을 몰아내자(斥)"는 유학자들과 달랐던 것은, 동학이라는 새로운 '학'을 만들어 냈다는 점인데, 동학의 근대성의 핵심은 바로 여기에 있다. 간디가 인도의 전통적인 야마스 윤리에서 서구에 대항할 수 있는 새로운 가치를 찾았듯이, 최제우는 한국의 전통적인 하늘 사상에서 서구와 일본에 대항할 만한 새로운 보국안민(輔國安民)의 계책을 세웠기 때문이다.[39]

---

39 "西洋戰勝攻取, 無事不成, 而天下盡滅, 亦不無脣亡之患. 輔國安民, 計將安出!"
(서양은 싸움에 이기고 공격해서 취하니, 이루지 못하는 일이 없다. 천하가 모두 멸망하면 입술이 없어지면 이가 시리는 근심이 없을 수 없으니, (나라를 돕

이상의 고찰로부터 우리는 '두 개의 근대' 개념을 생각할 수 있을 것이다. 하나는 서구적 근대이고, 다른 하나는 비서구적 근대이다. 비서구적 근대는 말 그대로 비서구 지역에서 서구와는 다른 형태의 근대를 추구한 경우를 말한다. 최근에 회자되고 있는 '복수의 근대성'(multiple modernities) 개념도 결국 비서구적 근대의 여러 사례를 지칭하는 것으로 볼 수 있다.

　한편 비서구 지역이라고 해도 서구적 근대를 지향한 경우는 있다. 가령 메이지 시기의 후쿠자와 유키치(福沢諭吉)와 조선말의 개화파 등이 이에 해당하는데, 이들은 당연히 서구적 근대의 유형에 들어가야 할 것이다. 그리고 우리가 60~70년대에 진행한 산업화 역시 서구적 근대를 추구한 사례에 해당한다. 이른바 '아시아적 자본주의'를 논했던 사람들은 이 과정에서 전통적 가치의 역할에 주목한 것인데, 그런 점에서는 실학사관과 그 발상에서 크게 다르지 않다.

고 백성을 편안히 할) 보국안민의 계책이 장차 어디에서 나오겠는가!) (『동경대전』「포덕문」)

2. 개벽파의 등장

흔히 구한말에서 일제강점기에 이르는 한국사상사는 '개화'와 '척사'라는 두 가지 틀로 서술되는 것이 대부분이다. 여기에서 개화는 서구적 근대를 지향한 그룹을 지칭하고, 척사는 반대로 전통적 유교를 고수한 그룹을 가리킨다. 따라서 이 구도는 그 시기의 우리 역사가 "서양이냐 중국이냐?" 또는 "근대냐 전통이냐?"라는 양자택일 사이를 오간 것으로 이해한다.

반면에 비슷한 시기에 민중들 사이에서 출현한 동학에서 원불교에 이르는 자생종교는 철학사나 사상사가 아니라 역사학이나 종교학 분야에서 다루어지는 것이 보통이다. 가령 역사학에서는 농민전쟁(동학)이나 독립운동(천도교 · 대종교)으로, 종교학에서는 신종교나 민중종교(증산교 · 원불교) 등으로.

그런데 이들의 공통점은 하나같이 개벽이라는 말을 의식적으로 공유하고 있었다는 점이다(대종교는 開天). 그리고 이때의 개벽은 단순히 우주운행의 변화나 미륵의 출현에 의해 새로운 세상이 저절로 '열린다'고 하는 자연적 변화를 의미하는 것이 아니라, 민중들 스스로가 지속적인 정신수양과 사회운동이라는 인간적 노력을 통해 새로운 세상을 주체적으로 '열어 나간다'고 하는 과정적 변혁을 의미한다. 동학(東學)이나 천도(天道)라고 할 때의 학(學)이나 도

(道)에는 이러한 뜻이 내포되어 있다. 즉 이들은 개화나 척사와는 또다른 방식의 새 세상을 지향한 것이다.

그렇다면 이들을 - 개화파나 척사파와 동등하게 - 개벽파라고 불러야 마땅하지 않을까? 즉 구한말에서 일제강점기에 이르는 한국 사상사를 '척사파-개화파-개벽파'라는 세 개의 그룹으로 나누어서 서술해야 하지 않을까? 그리고 그 서술의 비중도 개벽파가 중심이 되어야 하지 않을까? 왜냐하면 당시에 개벽파는 개화나 척사파와는 비교도 되지 않을 정도로 한국사회에 막강한 영향력을 행사하고 있었기 때문이다.

실제로 19세기 말 한국의 인구는 대략 천만 명 정도로 알려져 있는데, 그중 4분의 1 또는 3분의 1에 해당하는 조선인이 동학농민혁명에 직간접으로 참여했다고 한다. 청일전쟁이 발발하자 고종이 동학농민군에게 밀서를 보내어 "다시 봉기하여 일본군을 몰아내 달라"고[40] 부탁한 것도 동학농민군이 상당한 세력을 형성하고 있었기 때문이리라. 뿐만 아니라 일제강점기의 천도교와 보천교(증산교 계열)는 신자수가 수백만까지 달하였고, 대종교의 항일독립투쟁은 그 어느 세력보다도 치열했다.

40 KBS 다큐, 〈동아시아 뒤집히다, 청일전쟁〉, 2015.07.30.

3. '근대들'의 충돌

그렇다면 개벽파가 추구한 비서구적 근대의 특징은 무엇일까? 그것은 한마디로 도덕이라고 할 수 있다. 가령 최시형은 동학이 지향하는 문명을 "사람을 살리는[活] 도덕문명"이라고 하였다.[41] 이때의 도덕은, 유교에서 말하는 효제충신과 같은 윤리적 차원의 인도(仁道)나 인덕(仁德)이 아니라, "모든 존재는 하늘님을 모시고 있다"는 시천주(侍天主)의 세계관을 믿고 실천하는 우주론적 차원의 천도(天道)와 천덕(天德), 즉 하늘도덕을 말한다.

반면에 당시의 서양은, 최시형과 같은 조선민중의 눈에는, 사람을 살리는 도덕을 지향하는 것이 아니라 오히려 사람을 죽이는 무기를 앞세우는 폭력으로 다가왔다.[42] 아울러 탈아입구를 지향한 일본 역시 도덕이 아닌 폭력을 앞세우는 부도덕한 무리로 인식되었는데, 이 점은 전봉준의 다음과 같은 진술에 잘 나타나 있다.

　　문: 다시 봉기(起包)한 이유가 무엇인가?

---

41 "明天地之道 達陰陽之理 使億兆蒼生 各得其業 則豈非道德文明之世界乎!"(『해월신사법설』「성인지덕화」)
42 "西洋之武器 世人無比対敵者 武器謂之殺人器 道德謂之活人機"(『해월신사법설』「吾道之運」)

답: 그 후에 들으니, 당신네 나라(貴國)가 개화를 한답시고, 처음부터 민간에게 일언반구 알리지도 않고 선전포고도 하지 않고, 심야에 궁궐을 부수고 임금을 놀라게 하였다고 하기에, 시골의 선비와 백성들의 충군애국의 마음이 비분강개를 이기지 못하여, 의병을 규합하여 일본인과 싸워서, 먼저 이러한 사실을 따져 물으려고 하였다.[43]

여기에서 '개화'는 침략과 전쟁을 가장하는 허울 좋은 명분으로 여겨지고 있다. 그리고 전봉준은 이 개화와 문명이라는 이름하에 자국의 이익을 위해 타국에 폭력을 가하는 일본에 저항한 의병(義兵)이 바로 동학농민군이라고, 심문에 동석한 일본영사에게 항변하고 있다.

일본이 걸어간 이 폭력적 근대, 반(反) 생명적 근대의 길을 코마츠 히로시(小松裕)는 '생명의 서열화'라고 하였다(『'いのち'と帝国日本』, 小学館, 2009). 1894년의 청일전쟁에서 1920년대에 이르기까지 일본의 국가권력이 생명을 차별화하고 말살하였다는 것이다. 그리고 여기에는 서구화된 일본은 문명인이고, 서구화되지 못한 아시아인들은 야만인이라는 문명과 야만의 이분법적 인식이 작용하

---

43 『전봉준공초』. 번역은 박맹수, 「전봉준의 평화사상」 참조.

고 있었고, 이 의식이 식민지 지배를 정당화했다는 것이다.[44] 또한 일본의 역사학자 이노우에 가쓰오(井上勝生)에 의하면, 근대 일본은 아시아에서 동학군을 상대로 최초로 제노사이드(대량학살) 작전을 수행했다고 한다. 말 그대로 무차별 학살을 저지른 것이다.[45]

이렇게 보면, 결국 동학이 지향한 개벽과 일본이 지향한 개화는 '생명 중심의 비서구적 근대'와 '반(反)생명적인 서구적 근대'로 대별할 수 있는데, 이 두 개의 근대 또는 두 개의 문명이 충돌한 것이 바로 1894년의 동학농민개벽이었다.

---

44 「한·중·일 젊은 세대들의 대화와 세대간 대화 : 한·중·일 회의Ⅱ - 동아시아의 새로운 미래를 함께 연다」의 〈첫 번째 발제와 관련 대화 : 미야자키 후미히코〉, 인터넷판 『동양일보』, 2016.10.16.

45 이노우에 가쓰오(井上勝生), 「일본군 최초의 제노사이드 작전」, 『동학농민전쟁과 일본 - 또 하나의 청일전쟁』, 모시는사람들, 2014.

제4장/ 영성적 근대[46]

근대와 관련하여 동학의 특성을 탐구하는 과정에서, 동학이 추구한 민주주의는 서구적인 합리성에 근거한 이성적 민주주의라기보다는 영성적 민주주의가 아닐까 하는 생각이 들었다. 그래서 구글에서 'spiritual democracy'라는 어구를 검색해 보니 20세기 초의 이슬람사상가인 이크발(Iqbal)이 이미 이런 표현을 썼다고 한다. 이슬람이 지향하는 민주주의는 '영성적 민주주의'(Spiritual Democracy)라는 것이다. 아마도 "이슬람사상에 기반한 민주주의를 추구한다"는 의미에서 이런 표현을 썼으리라 추측된다. 즉 정교분리가 아닌 정교일치 형태의 민주주의인 것이다.

이 장에서 말하는 영성적 근대라는 개념은 이크발의 '영성적 민주주의'라는 말과 스즈키 다이세츠의 『영성적 일본의 건설』(1946년)이라는 책 제목에서 힌트를 얻었다. 동학이 추구한 근대는 서구

---

46 이 글은 『개벽신문』 74호(2018년 5월)에 실린 〈(한국학 어떻게 할 것인가 ⑨) 이성적 근대와 영성적 근대〉를 수정한 것이다.

적인 이성 중심의 근대가 아닌 영성 중심의 근대라고 생각되었기 때문이다. 동학이 한국철학의 옛날식 표현이라면, 그것의 별칭인 천도는 영성운동을 의미하고, 그들이 내걸었던 개벽은 영성운동 중심의 한국적 근대를 상징하는 말이다. 동학은 인간평등이나 정치참여와 같은 근대적 가치, 더 나아가서는 생명 중심의 탈근대적 가치들을 수양을 통한 영성실천을 통해서 구현하고자 하였다. 이 점은 동학을 이은 천도교나 원불교 역시 마찬가지이다.

서구의 근대가 공적인 영역에서 종교가 물러나는 형태로 시작되었다면, 비서구 지역에서는 반대로 종교를 중심으로 새로운 시대를 열고자 했던 것이다. 이 점은 한국뿐만 아니라 인도의 간디나 아프리카의 투투 대주교(인종차별 철폐정책) 등의 사례를 보아도 마찬가지이다. 제국주의에 저항하고 식민지 상태에서 벗어나기 위해서는 강력한 실천성을 동반하는 영성 운동이 요청되었기 때문이다.

1. 이성적 근대의 출현

우리는 흔히 근대라고 하면 데카르트나 칸트로 대변되는 수학적 이성과 과학적 합리성, 그리고 계몽주의와 정교분리(政敎分離)

와 같은 사상사적 조건 등을 떠올리기 마련이다. 이것은 서양이 중세와는 다른 새로운 질서를 이성 중심으로 모색했고, 그래서 서양에서는 중세의 다음 시대인 근대가 곧 '이성의 시대'를 의미하기 때문이다. 따라서 서양에서 근대라는 새로운 세계를 개벽한 근본적인 동력은 이성에 있었다고 해도 과언이 아니다. 반면에 영성은, 이성과는 반대편에 있는 영역으로 여겨져, 철학과에서 추방되거나 근대 담론에서 멀어지게 되었다.

이와 같은 서구의 이성적 근대가 전 세계의 근대의 기준이 될 수 있었던 것은 아마도 이성이 발명한 과학기술 때문이었을 것이다. 과학이 기술을 낳고, 그 기술이 산업혁명과 첨단무기라는 엄청난 힘을 발휘했기 때문이다. 그리고 산업혁명과 첨단무기는 곧바로 비서구 지역의 식민지 지배라고 하는 제국주의의 길로 이어졌다. 따라서 서구의 근대는, 그리고 그것을 아시아에서 가장 먼저 성취했다고 하는 일본은, 제국주의와 떼려야 뗄 수 없는 관계에 있는 것이다.

2. 이성적 근대의 수용

19세기 말 일본의 서구주의자인 후쿠자와 유키치는 이러한 힘의 원동력을 과학에서 찾았다. 그리고 그것을 동아시아의 전통적인 개념어를 빌려 실학이라고 명명하였다. 그가 보기에 서구 근대의 학문 모델은 물리학이고, 물리학을 바탕으로 한 과학이야말로 현실적으로 힘을 발휘할 수 있는 가장 유용하고 실용적인[實] 학문[學]이라는 것이다.

따라서 이와 같은 현실적이고 근대적인 학문으로 전환해야 한다는 것이 이른바 '후쿠자와 유키치에게 있어서의 실학으로의 전환'이다. 그리고 이때의 실학이란, 전통적인 의미에서의 실천학이 아니라, 실용학의 다른 말이다. 그런 의미에서 그가 주장한 탈아론(脫亞論)은 탈아학론(脫亞學論), 즉 "아시아적인 학문관에서 벗어나자"는 주장에 다름 아니다.

이러한 학문관은 자연히 한국에도 영향을 끼쳐, 1930년대에 조선학운동을 전개한 최남선·정인보·안재홍·문일평, 그리고 그 뒤를 이은 1950년대의 천관우나 1970년대의 이우성 등은, 후쿠자와 유키치적인 실학관을 암암리에 조선후기 사상가들에게 적용하여 이른바 실학담론을 만들어냈다. 즉 유형원이나 정약용과 같은 조선후기 사상가들에게서도 과학으로서의 실학, 또는 실용학으로서의 실학을 추구한 경향이 있다는 것이다.

따라서 조선후기사상사 서술 범주로서의 실학론은 말하자면 일본근대사상사의 틀을 빌려서 한국근대사상사를 서술한 것에 지나지 않다고 해도 과언이 아니다. 즉 서구적인 이성적 근대를 서술하기 위한 학문 틀을 후쿠자와 식의 실학 개념에서 빌려와서 한국근대사상사를 서술한 것이다.

3. 영성적 근대의 모색

그러나 이른바 실학자들 스스스로는 실학(實學)이라는 말보다는 실심(實心)을 더 강조했고, 정약용의 경우에는 천주교의 신을 받아들여 실심사천(實心事天), 즉 "참마음으로 하늘을 섬긴다"와 같은 종교적 태도를 강조했다고 한다면, 과연 조선후기의 이른바 실학자들이 후쿠자와 식의 실용실학만으로 일관했는지는 진지하게 다시 생각해 보아야 할 것이다. 왜냐하면 실심사천은 이성[理]보다는 영성[靈]의 차원을 주로 말하기 때문이다.

동학은 이러한 영성의 영역을 민중의 생활 속으로 한 차원 더 밀고 나간 사상운동이었다. 동학은 천주교적인 창조신 대신에 한국적인 하늘님 신관을 바탕으로 종래의 성리학과는 다른 새로운 인간관과 수양론을 '작'(作)하였다는 점에서 '영성적 근대'를 모색하였다고 평가할 만하다. 그런 점에서 다산의 학문은, 적어도 영성을 기준으로 한다면, 후쿠자와보다는 동학에 더 가깝다. 이것이 일본

다나카 쇼조(1841~1913)와 해월 최시형(1827~1898)

과는 다른 한국 근대의 모습이었다.

또 바로 이런 측면에서 한국의 근대는 일본이나 중국보다는 인도나 아프리카의 상황에 더 가깝다고 할 수 있다. 왜냐하면 일본이나 중국은 식민지 경험이 없고, 특히 일본은 식민지를 지배하는 입장에 있었던 반면에, 인도나 아프리카는 우리와 마찬가지로 식민지배를 당하는 입장에서, 그것에 저항하고 전통을 되살리기 위해서 종교적 영성을 발전시켰기 때문이다. 그래서 그들은, 일본이나 서구와 같은 이성적 근대, 실용적 근대의 길을 가는 대신에, 영성적 근대, 토착적 근대(기타지마 기신)를 지향하였다. 그리고 그 지향은 새로운 종교운동으로 전개되었다.

바로 여기에 이른바 동아시아 담론 또는 유교 담론을 재고해야 할 이유가 있다. 동아시아—유교 담론은 어디까지나 일본 중심, 중국 중심의 모델이다. 즉 중국이나 일본의 근대를 설명하는 데에는 적절할지 몰라도, 적어도 한국의 근대를 설명하는 데에는 유교 중심의 동아시아 담론은 방해로 작용한다. 왜냐하면 한국의 근대는, 동학으로부터 알 수 있듯이, 중국이나 일본 또는 서구의 근대와는 다른 길을 걸었기 때문이다. 그것은 이성으로 대변되는 실용보다는 영성으로 대변되는 초월을 추구하는 강한 지향이고, 재(再) 유교화가 아닌 탈(脫) 유교화를 모색하는 실험이었다.

4. 동학사상의 토착성

일본이 근대화의 과정에서 유교화를 필요로 했다면,[47] 한국은 반대로 탈 유교화의 길을 걸었다. 중국 중심의 세계관에서 벗어나서 독자적인 사상의 길을 걷기 시작한 것이다. 동학이 제시한 새로운 세계관은 한국적인 하늘 관념을 우주적인 생명신[天靈氣]으로 재해

---

47 오구라 기조, 「일본은 메이지 이후에 유교 국가화의 완성을 지향한다」, 『한국은 하나의 철학이다』, 모시는 사람들, 2017, 19쪽.

석하고, 그 생명신을 인간을 비롯한 만물의 내부에서까지 발견하여 모심[侍]의 대상으로 삼았다[48]는 점에서 탈 유교적이면서 토착적이라고 할 수 있다. 여기에서 영성[靈氣]은 생명[化生]으로 해석되고, 따라서 생명을 지닌 모든 존재는 신성하고 동등한 존재로 자리매김 된다.

특히 '모신다'는 표현은 한국의 무교(巫敎) 전통에서 사용하는 개념이라는 점에서도 동학사상의 토착성을 잘 보여준다. 무당들은 각자 자신들의 신을 '모시고'(몸주신) 살면서 그 신과 교감을 하는데, 동학에서도 만물은 모두 하늘님이라는 신을 '모시고' 있기 때문이다. 다만 동학의 하늘님은 만물에 '공통된'(=공공의) 생명신이고, 그 생명신은 우리 밖에 외재할 뿐만 아니라 우리 안에도 내재한다는 점에서[內有神靈] 무당이 모시는 신과는 다르다. 달리 말하면 동학은 외부의 신을 내부의 신으로 끌어들인 셈이다.

---

48 侍天靈氣而化生(하늘의 영기를 모시고서 태어나고 살아간다) 『해월신사법설』 「영부주문」.

5. 영성화하는 한국 근대

동학이라는 명칭이 철학의 풍토성을, 그리고 그것의 별칭인 천도가 철학의 토착성을 나타낸다면, 개벽은 그들이 지향한 철학의 근대성을 상징한다. 그 근대의 특징은, 무극이나 대도라는 말로부터 알 수 있듯이[無極大道], 자기를 넘어선 초월적 경지를 강화한다는 데에 있다.

동학은 이 작업을 인간 안에 신을 끌어들임으로써(모심) 성취하고자 하였다. 달리 말하면 인간에게 합리적 이성 대신에 초월적 영성을 부여한 셈이다. 여기에서 영성은 자기를 넘어서 있는 경지, 즉 초월을 지향하는 능력을 말한다. 가령 중국철학의 이상으로 여겨지는 천인합일은 이성의 차원이 아니라 영성의 차원을 말한다. 그리고 그 차원은 도(道)라는 개념 속에 응축되어 있다.

그러나 최제우가 생각하기에 당시에 유교적 영성은 매우 약화되어 있었고, 따라서 사람들은 자기를 넘어선 초월적 경지를 더 이상 추구하지 않게 되었다[各自爲心]. 그런 의미에서 동학의 출현은 일종의 재영성화[49] 또는 영성의 강화 작업에 해당한다고 할 수 있

---

49 이 표현은 이병한의 「요가와 쿵푸가 만나면 세상이 바뀐다 : 프라센지트 두아라와의 대화」, 『프레시안』 2015.09.01을 참조하였다.

다. 그러나 동학이 나오게 된 더 근본적인 원인은 유교적 영성 자체가 처음부터 한국인의 영성과 맞지 않았기 때문이었을 것이다.

다산이 천주교의 '신'을 받아들이게 된 원인도 여기에 있고, 퇴계가 인격적 상제 개념을 선호한 이유도 여기에 있다. 그들이 보기에 성리학이 추구하는 초월성은 어디까지나 도덕적 이성 안에서의 초월성으로, 그런 점에서 진정한 초월성이 확보되기 어렵다고 생각하였다. 이것은 한국인의 정서에 맞지 않는 초월성의 추구 방식이다. 한국인은, 일찍이 퇴계가 "리(理)가 나에게 다가온다"[理自到]고 하고 다산이 "하느님이 너에게 임재해 계신다"[上帝臨汝]고 했듯이, 초월적인 존재와의 상호작용을 원하고 있기 때문이다. 동학은 이 흐름을 잇고 있다. 그런 점에서 동학의 탄생은 한국적 영성의 재발견이라고 할 수 있다.

제5장/ 불교적 근대[50]

- 인문학으로서의 원불교

동학으로 시작된 개벽파는 천도교를 거쳐 1916년에 창시된 원불교로 수렴된다. 원불교는 독자적인 교리체계와 한글경전 그리고 수행체계가 있다는 점에서 '술'(해석)이 아닌 '작'(창조)의 근대에 해당한다. 특히 원불교가 슬로건으로 내건 "물질이 개벽되니 정신을 개벽하자"에서, 물질개벽이 "새로운 물질세계를 연다"는 의미에서 서구 근대문명을 상징한다면, 정신개벽은 "새로운 정신세계를 연다"는 의미에서 그것에 대한 주체적 대응이라고 할 수 있다. 이 주체적 대응의 특징은, 정신개벽이라는 말로부터 추측할 수 있듯이, 수양론이 강조된다는 데에 있다. 그러나 그 수양론은 전통적인 마음공부의 차원에 머물지 않고, 글쓰기와 말하기와 같은 시민사회에 걸맞은 인문학적 프로그램이 가미되고 있다는 점에서 주

---

50 이 장은 『원불교사상과 종교문화』 제75집(2018년 3월)에 수록된 「인문디자인과 원불교」의 「III. 원불교의 인문디자인」의 일부를 수정한 것이다.

목할 만하다. 이 장에서는 불교적 근대의 사례라고 할 수 있는 원불교의 실학정신과 일원철학 그리고 인문학 프로그램을 중심으로 살펴보고자 한다.

1. 원불교의 실학정신[51]

원불교 역시 동학과 마찬가지로 "민중이 중심이 되어 새로운 세상을 연다"는 의미에서의 개벽을 표방하였는데, 원불교의 특징은 창시자인 소태산이 앞장서서 간척사업이나 협동조합과 같은 경제적 자립운동을 추진했다는 점에 있다. 그런 점에서 원불교학자 류병덕은 원불교야말로 실학이고, 소태산이야말로 실학자라고 말하였다.[52] 조선후기 실학자들처럼 단지 경제개혁론을 집필하는 차원에 머물지 않고, 실제로 민중들과 함께 노동을 하면서 경제활동을 했다는 점에서 진정한 실학자라는 것이다.

여기에서 류병덕이 말하는 실학 개념은 과학성이나 실증성을

---

51 이 절은 『문학·사학·철학』 52집(2018년 봄·여름호)에 수록된 「영성과 근대 -일본화된 한국사상사를 넘어서」의 II-3의 「3. 실학불교로서의 원불교」이다.
52 류병덕, 『원불교와 한국사회』, 시인사, 1986; 조성환, 「여산 류병덕의 '원불교 실학론'」, 『한국종교』 44, 2018.

기준으로 하는 이른바 서구적 실학이 아니라, 실천성과 현장성을 강조하는 조선적 실학 개념을 잇고 있다는 점에서 주목할 만하다. 즉 서구화된 실학 개념이 아닌 조선 유학의 전통에서 사용된 실학 개념에 비추어 보면 원불교만큼 실학적인 사상은 없다는 것이다. 이것은 종래의 실학 이해를 뒤집는 것으로, 실학의 중심을 과학에서 종교로 이동시키고 있다는 점에서 획기적이다.

아울러 류병덕의 견해를 받아들인다면 원불교는 일종의 실학의 민중화라고 할 수 있고, 조선후기의 실학이 양반실학이었다고 한다면 원불교는 민중실학이라고 할 수 있을 것이다. 아울러 단지 경제적 자립만 추구하는 것이 아니라 마음공부와 정신훈련을 병행한다는 점에서 원불교의 실학을 영성실학으로 규정할 수 있다.

2. 원불교의 일원철학

원불교의 세계관은 일원(一圓)이라는 개념에 응축되어 있는데, 여기에는 한울이라는 원불교의 용어로부터 알 수 있듯이,[53] "모든

---

53 가령 원불교에서 간행하는 신문의 이름은《한울안신문》이다. '한울'은 원불교뿐만 아니라 천도교, 대종교 등에서도 사용하는 개념인데, 이것은 개벽종교가 하나같이 '하나'를 지향하는 철학이었음을 시사하고, 이러한 전통은 오늘날 "모든

것은 하나이다"라는 사상이 담겨 있다.[54] 이 '하나'라는 생각이 가장 잘 드러나 있는 것이 원불교의 종교관인데, 원불교 경전에서 말하는 융통이나 회통은 모든 종교는 궁극적으로 하나로 통하고, 따라서 서로 배척할 필요가 없다는 믿음을 표방한다.

뿐만 아니라 초기 원불교에서는, 유불도 삼교를 포함하는 신라의 풍류[包含三敎]와 마찬가지로, 어떤 종교도 배제하지 않고 수용하겠다는 자세를 취하는데, 이런 포함정신을 잘 보여주는 예가 조옥정(또는 조송광, 1909-1976)이다. 그는 조선 말기에 유학자로서 시작하여 동학농민혁명군에 가담했다가 이어서 기독교 장로가 되었고, 마지막에는 원불교에 귀의했는데,[55] 이러한 그의 행적을 비판하는 기독교인들에게 조옥정은 다음과 같이 대답한다.

남장로교인들: 야소교인으로 불교를 믿는 것은 웬 말인가? 초심을 바꾸지 말고 한곳[一方]에 머물며 평생 편하게 지내다가 여생을 마침이 어떠한가?

생명은 하나이다'라고 하는 한살림 협동조합의 창업철학에서도 찾아볼 수 있다.
54 그런 의미에서 원불교의 영어 표기는 'Won Buddhism'보다는 'One Buddhism' 으로 하는 것이 '일원'의 의미를 담아낼 수 있다는 점에서 더 효과적이라고 생각한다.
55 조옥정의 행적에 대해서는 양현수, 〈조송광의 수기 『조옥정백년사』〉, 『원불교신문』, 2016.04.15을 참조.

조옥정: 초심을 바꾸지 않고 한곳에 머무는 것보다 세상만사를 두 곳[兩方]에서 만들어 가는 것이 적합하다고 생각하오.

남장로교인들: '한 몸으로 두 곳을 섬기는 것은 부정한 행위요.

조옥정: 거두절미하고 직접 보시오. 우리 눈은 하나보다는 둘이 낫고 우리 손도 하나보다는 둘이 나으니, 우리 발도 하나보다는 둘이 어떻겠소?[56]

여기에서 조옥정은 하나의 종교만 고집하는 일교주의(一敎主義)보다는 종교는 많이 가지면 가질수록 유익하다고 하는 일종의 다교주의(多敎主義)의 입장을 표방하고 있다.[57] 이것은 서양 종교학에서 말하는 다원주의와도 다른 종교관으로, 최치원이 말한 포함삼교(包含三敎)로서의 풍류정신에 유래한다고 볼 수 있다. 또한 유교와 불교 그리고 도교만이 공식적인 가르침[敎]으로 인정되던 최치원의 시대와는 달리, 서양의 종교 개념이 들어와서 종교의 자유가 허용된 20세기에 탄생한 원불교는 포함백교(包含百敎)의 자세를 취하고 있다고 할 수 있다.

이러한 원불교의 포함 정신 또는 다교주의는 원불교 재단에서

---

56 박용덕, 「경산연대기『조옥정백년사』」, 『정신개벽』 6, 1988 참조.
57 '일교주의'와 '다교주의'에 대해서는 조성환, 「동서양의 지식형태와 공공성」, 박치완 외, 『지식의 역사와 그 지형도』, HUINE, 2016 참조.

원광대학교 수덕호 전경

세운 원광대학교의 한복판에 있는 수덕호(水德湖)에 구체적으로 디자인되어 있는데, 그것이 바로 사대성인상(四大聖人像)이다. 수덕호의 주위를 둘러싸고 세워져 있는 예수, 붓다, 공자 그리고 소크라테스의 동상은 자신과 다른 종교전통을 포함하고 수용하는 것이 유익하고 좋은 것이라는 풍류적 종교관을 구현한 조형 디자인이다.

아울러 이러한 다교주의적 종교관을 표방하는 원불교의 바탕에는 '무'의 아이덴티티가 깔려 있다. 즉 특정한 종교적 아이덴티티를 고집하지 않는 '무기'(無己)[58]의 아이덴티티야말로 원불교 본래

---

58 장자는 지인무기(至人無己), 즉 "최고의 경지에 있는 사람은 자기가 없다"고 하

의 종교적 아이덴티티인 것이다. 그리고 이 '무'를 시각화한 것이 '원'불교에서 말하는 '일원'(하나의 원)이다.

한편 이러한 일원철학이 종교가 아닌 학문의 영역에서 추구되고 있는 것이 원불교의 또 하나의 슬로건인 '도학과 과학의 병진'이다. 여기에서 도학은 심학을 바탕으로 하는 동아시아의 학문 전통을, 과학은 수학을 바탕으로 하는 서양의 학문 전통을 각각 가리키는데, '도학과 과학의 병진'이라는 슬로건은 원불교가 동서양의 '학'과 '학'의 '회통' 내지는 '포함'을 지향하고 있음을 말해준다.

또한 일원철학이 정치의 영역에서 주창된 것은 원불교의 제2대 리더인 정산 송규(1900-1962)의 『건국론』이다. 해방 직후인 1945년 10월에 쓰인 『건국론』(초판본)에서는 좌파와 우파를 모두 아우르는 중도주의를 표방하는데, 여기에서 '중도'는 좌와 우의 중간으로서의 '중'이 아니라, 좌와 우를 포함하고 회통한다는 의미에서의 일원적 '중'이다. 불교의 삼론철학적으로 말하면 "非左非右, 而左而右"(좌도 아니고 우도 아니면서 좌이기도 하고 우이기도 하다)가 『건국론』에서 제시하는 중도의 정치철학이라고 할 수 있다.

였는데, 여기에서 '자기가 없다'란 Brook Ziporyn의 해석에 따르면 '고정된 아이덴티티가 없다'는 뜻이다. 장자는 이러한 아이덴티티에 도달하기 위해서 허심(虛心), 즉 '마음을 비워라'는 수양법을 제시한다.

3. 영성적 리버럴 아츠

원불교에서는 이러한 포함적 정체성, 또는 '무'의 아이덴티티에 도달하기 위하여 각종 수양법을 제시하는데, 대표적인 것이 마음공부와 글쓰기, 그리고 말하기이다. 이 수양법들은 궁극적인 목표가 마음의 자유[59]를 얻는 데 있다는 점에서 원불교적인 '리버럴 아츠 프로그램'이라고 할 수 있다. 아울러 마음공부[心學]라고 하는 영성적 차원의 훈련도 포함되어 있다는 점에서 원불교의 공부법은 장자나 풍류와 같은 동아시아의 영성적 리버럴 아츠 전통을 잇고 있다고 할 수 있다.

먼저 원불교의 마음공부는 '마음이 텅 빈 상태에서 사물을 보는 훈련'을 지향한다[60]는 점에서, 장자가 말하는 허심(虛心)과 상통한다. 이것은 자신의 아이덴티티를 비움과 동시에 무수한 아이덴티티를 수용하는 일원(一圓)의 마음상태에 도달하기 위한 훈련이다. 마음공부의 또 다른 목적은 자기 인식이다. 마음에서 일어나는 감정들을 관찰하면서 자기 마음에서 일어나는 현상들을 알아차리고, 그것을 통해 자기 자신을 알아가는 자기 인식 방법이 마음공

---

59 "대종사 말씀하시기를, '수도인이 구하는 바는, 마음을 알아서 마음의 자유를 얻자는 것이며…." 『대종경』 제11 「요훈품」 2절.
60 길도훈, 〈비움의 감각〉, 『원불교신문』, 2013.5.24.

부이다.[61] 이것은 글쓰기 및 말하기와 함께 이루어지는데, '한 주일 동안 생활하면서 자기 마음을 들여다보고 쓴 일기를 발표하는 모임'이 그 예이다.[62]

자기 인식은 '작'을 하는 데 빼놓을 수 없는 요소이다. 가령 세종의 한글창제는 중국과 다른 조선의 현실을 직시한 데에서 시작되었고, 동학 역시 각자위심(各自爲心),[63] 즉 "모두가 자기만 생각한다"는 당시의 현실인식에서 출발하였다. 마찬가지로 원불교를 창시한 소태산 박중빈도 자기가 처한 현실 인식에서 출발하는데, 그는 당시 한국인의 모습을 다음과 같이 비판하였다.

> 혼몽 중에 있던 우리, 취중(醉中)에 있던 우리,
>
> 사농공상의 차서 있는 교육을 받지 못한 우리,
>
> 상당(相當)한 사람을 쓰지 아니하고 권세와 재산 형식을 쓰던 시대에 있던 우리,
>
> 외방문명(外邦文明)과 물화(物貨)를 보지 못한 우리,
>
> 발원(發願) 없고 연구 없는 우리,

---

61 〈원불교 마음공부회 김관진 교무 "타인의 분노·화 그대로 인정하는 것이 마음공부"〉, 『한국일보』 2009.01.29.

62 위의 글에 소개된 김관진 교무의 '마음공부방' 사례 참조.

63 『동경대전』 「포덕문」.

직업 없이 놀고먹던 우리,

매일 수입 지출을 알지 못하고 예산 없이 지내던 우리,

유무식(有無識) 남녀노소 선악귀천을 물론하고 융통하여 믿어 나오는 종교가 없던 우리,

문벌 있고 가세 있고 문필(文筆)이 유여(有餘)한 사람이라야 종교인이라 하던 우리,

천인(千人)이면 천 마음이 각각이요 만인(萬人)이면 만 마음이 각각 된 우리,

박애심이 없고 합자심(合資心)이 없고 감화심이 없던 우리,

일만 물건(一萬物件)의 근본과 끝을 알지 못한 우리,

일만 일의 시종과 선후를 알지 못한 우리,

선악귀천의 근본을 알지 못하고 시비와 이해를 알지 못하고 한탄 원망에 그쳤던 우리,

식심(識心) 있고 각심(覺心) 있는 우리로써 감각 없는 무정지물(無情之物)에게 소원 앙축(仰祝)하던 우리,

나의 일신 하나도 제도(濟度) 못한 우리로 여러 사람의 호주(戶主)되어 여러 사람의 전정(前程)을 망해 준 우리,

자리이타(自利利他)가 화(化)하지 못하여 내가 이(利)를 취하면 저 사람이 해(害)가 되고, 저 사람이 이를 취하면 내가 해를 입는 고로 서로 상충(相衝)하여 서로 의리가 끊어지고 자행자지(自行

自止)로 백발이 다 된 우리. (『불법연구회 규약』)

여기에서 우리는 소태산이 원불교를 창시한 동기를 엿볼 수 있다. 즉 철저한 현실인식을 바탕으로 그것에 대한 인문학적 처방으로 내놓은 것이 원불교인 것이다. 그리고 그것이 지향하는 세계는 한 사람 한 사람의 정신적 자각과 영적인 각성에 의해 만들어가는 공공적인 세상이다. 아울러 거기에 도달하기 위한 방법으로 제시되는 마음공부, 글쓰기, 말하기는 하나같이 인문학의 핵심 요소이다. 그런 점에서 원불교는 "인문학적 방법론으로 일원이라는 인문적 세계를 실현시키기 위한 인문학 프로그램"이라고 할 수 있다.

4. 창조적 인문학[64]

오늘날 한국사회에 회자되는 키워드 중의 하나는 창조성(creativity)이다. 창조경제나 기업혁신 또는 융복합산업이나 디자인경영 등은 모두 창의성이 시대정신의 하나라는 점을 말해 준

---

64 이 절은 2017년 11월 10일, 서울의 순화동천에서 있었던 〈21세기가 2세기 원불교에게〉 학술대회에서 발표한 조성환·김경묵의 「원불교·일원세계, 마음공부, 자기인식」의 「5. 2세기 원불교의 과제」를 수정한 것이다.

다. 술(述)에서 작(作)으로의 전환, 서술적 태도(descriptive mind)에서 창의적 태도(creative mind)로의 이행, 해석적 사고(interpretive thinking)와 비판적 사고(critical thinking)에서 창의적 사고(creative thinking)와 디자인 사고(design thinking)로의 전환 등이 모든 분야에서 요청되는 것이다.

원불교가 제시하는 세계관과 수양론도 이러한 시대정신과 배치되지 않는다고 생각한다. 원불교에서 말하는 개벽은 창조의 다른 말이고, 지자본위(知者本位) 사상 역시 츠타야의 마스다 무네아키 회장이 말하는 '지적 자본론'으로 이해될 수 있으며,[65] 원불교가 지향하는 일원적 사유(holistic thinking)는 리처드 뷰캐넌이 제시한 새로운 디자인적 사유로서의 통합적 사유(integrative thinking)[66]와 상통한다.

이와 같이 종교라는 틀을 잠시 괄호에 넣고 인문학이라는 프리즘으로 원불교를 재해석하면 현대사회와 호응할 수 있는 부분이 많이 발견되리라 생각한다. 이것은 종교학의 대상으로서가 아니

---

65 마스다 무네아키는 '디자인은 기획력'이고 이 기획력이야말로 21세기의 '지적 자본'이라고 하였다. 마스다 무네아키 지음, 이정환 옮김, 『지적 자본론 : 모든 사람이 디자이너가 되는 미래』, 민음사, 2015.
66 Richard Buchanan, "Design as a New Liberal Arts," The 1990 Conference on Design Education, Industrial Designers Society of America.

라 인문학의 대상으로서 원불교를 바라보는 것을 의미한다. 이러한 원불교 인문학이 정립이 되었을 때 비로소 원불교가 대중들에게 좀더 쉽게 다가갈 수 있을 것이다. 아울러 이런 식으로 개벽종교가 이해되었을 때, 이들이 지닌 소중한 인문적 자산이 오늘날에 창조적으로 되살아날 수 있을 것이다. 이것이 2세기 원불교와 21세기 한국학이 나아가야 할 방향이라고 생각한다.

제6장/ 일본의 토착적 근대[67]
- 다나카 쇼조의 '공공철학'을 중심으로

　다나카 쇼조(田中正造, 1841~1913)는 일본 최초의 환경운동가로 평가받는 인물로, 최제우(1824~1864)와 후쿠자와 유키치(1835-1901)보다는 한 세대 뒤이고, 전봉준(1854-1895)보다는 한 세대 앞을 살다간 인물이다. 죽기 1년 전에 쓴 일기장에 "참된 문명은 산을 황폐화하지 않고 강을 황폐화하지 않으며 마을을 부수지 않고 사람을 죽이지 않아야 한다."라는 유명한 말을 남겼다. 산업화를 막 시작한 일본에서 생태문명론을 제창한 셈이다.

　국내에는 거의 알려져 있지 않는 사상가인데 다행히도 최근에 박사학위 논문이 나왔다. 그것도 동학을 창시한 최제우와의 비교를 겸한 연구이다. 논문 제목은 「다나카 쇼조와 최제우의 비교 연구-공공철학 관점을 중심으로」이다. 논문을 쓴 주인공은 일본의 중학교에서 역사 교사로 정년퇴임하고, 원광대학교 원불교학과로

67　이 장은 『개벽신문』 76호(2018,07)에 실린 「다나카 쇼조의 토착적 근대-오니시 히데나오의 연구를 중심으로」를 수정한 것이다.

유학 온 만학도 오니시 히데나오(大西秀尚)이고, 지도교수는 30여 년 동안 동학을 연구해 온 박맹수 교수이다. 2002년에 원광대학교 석사과정에 입학했으니까 박사논문을 제출하기까지 무려 16년이 걸린 셈이다.[68]

이하에서는 이 연구 성과를 소개하는 형식으로 다나카 쇼조가 추구한 근대의 모습을 동학과의 비교를 통해서 살펴보고자 한다 (본문 괄호 안의 쪽수는 오니시 히데나오 씨의 논문).

1. 다나카 쇼조와 동학

오니시 박사의 연구는 동학농민혁명이 일어난 2년 뒤인 1896년 에 다나카 쇼조가 쓴 「조선잡기」라는 글에서 출발한다. 이 글에서 다나카 쇼조는 '동학은 문명적'이라는 찬사를 보내는데, 당시 폭도 로 규정되었던 동학을 어떻게 이처럼 평가할 수 있었는지에 대한 놀람과 의문이 다나카 쇼조 연구의 계기가 되었다.

이러한 문제의식은 저자가 다나카 쇼조에 접근하는 하나의 방 법론을 제공해 주었다. 그것은 동학사상과의 비교이다. 즉 동학이

68 2005년에 제출한 석사논문은 「원불교의 민중종교사상 연구」이다.

라는 프리즘을 통해서 다나카 쇼조를 이해하는 것이다. 다나카 쇼조가 동학에 사상적 공감을 표명했다면 두 사상 사이에는 일정한 유사점이 있을 것이기 때문이다. 그리고 이 유사성은 당시의 사상적 분위기로서는 매우 드문 경우였다. 왜냐하면 동학은 당시에 한일 양국의 주류 사상계에서 혹세무민이나 이단으로 배척당하고 있었기 때문이다. 따라서 이러한 동학에 공감하는 입장을 표명한 다나카 쇼조의 사상 역시 당시 일본에서는 비슷한 예를 찾아보기 어렵다.

그래서 동학은 다나카 쇼조의 사상을 이해하는 데 빼놓을 수 없는 참고자료가 된다. 마찬가지로 다나카 쇼조 역시 동학을 설명하는 데에는 더할 나위 없는 소재가 된다. 이처럼 동학과 다나카 쇼조, 다나카 쇼조와 동학은 서로가 서로를 비추는 거울과 같은 존재이다.

2. 공공성과 근대성

다나카 쇼조 사상의 특징은 공공(公共)에 대한 각별한 관심에 있다. 다나카 쇼조 연구의 권위자인 고마쓰 히로시(小松裕. 1954-2015)에 의하면, 19권이나 되는 그의 전집에는 공공(公共)이라는 말이 총 162차례나 나온다. 용례도 민인공공(民人公共), 공공협력(公共協力), 자연공공(自然公共)과 같이(2쪽) 기존에는 볼 수 없는 개념이다. 이 점에 처음으로 주목한 것은 일본의 교토포럼이었다. 이 포럼에서 나온 총서에서 고마쓰 히로시는 다나카 쇼조를 '공공성'의 관점에서 재조명하였다(5쪽).[69] 교토포럼에서 다나카 쇼조의 '공공' 개념에 주목한 것은 이 포럼의 핵심주제가 공공성이었기 때문이다.[70]

한편 거의 비슷한 시기에 한국에서는 동학을 공공성의 관점에서 분석한 선구적인 연구가 나왔는데, 오문환의 「동학에서의 자율성과 공공성」(2002)[71]이 그것이다. 또한 최근에는 교토포럼에 참여했던 박맹수가 '공공한다'는 개념에 입각해서 동학을 분석하였고(「'공공하는 철학'에서 본 동학의 공공성」, 2014),[72] 이어서 필자도 '공공한다'는 개념을 분석틀로 삼아서 동학의 개벽사상을 '토착적 근

---

69 「田中正造における自治と公共性」, 『(公共哲学11) 自治から考える公共性』, 東京大学出版会, 2004; 「公共(する)知識人としての田中正造」, 『(公共哲学17) 知識人から考える公共性』, 東京大学出版会, 2006; 「いま, なぜ田中正造か」, 『(公共する人間 4) 田中正造』, 東京大学出版会, 2010.

70 이 점은 교토포럼의 연구 성과를 망라한 총서 제목으로부터도 알 수 있다. 가령 『중간집단이 여는 공공성』(7), 『종교에서 생각하는 공공성』(16) 등.

71 오문환, 『동학의 정치철학: 도덕, 생명, 권력』, 모시는사람들, 2003에 수록.

72 박맹수, 『생명의 눈으로 보는 동학』, 모시는사람들, 2014에 수록.

대'라는 관점에서 해석하였다[73](이상, 5-6쪽, 126쪽).

여기에서 '공공(公共)한다'는 사마천의 『사기』에 처음 나오는 개념으로[74] "모두가(公) 함께 한다(共)"는 뜻이다. 이후 19세기까지 동아시아에서는 '공공'이 줄곧 동사로 사용되었다. '공공성'이라는 명사가 처음 출현한 것은 1930년대의 일본에서이다(와쓰지 데츠로, 『윤리학』).

모두에게 잊혀져 있던 동사로서의 '공공한다'는 개념을 발굴한 것은 교토포럼의 김태창 선생으로, 서양의 공공성과는 다른 동아시아적 공공성의 특징을 '공공한다'는 실천성에서 찾고, 나아가서 이것을 바탕으로 오늘날 동아시아에 요청되는 현대철학을 정립하고자 하였다. 이런 문제의식에서 김태창 선생은 '공공한다'를 '대화한다·협력한다·개신한다'는 세 가지 의미로 재해석하였다(여기에서 '개신(開新)한다'는 "새로운 차원을 연다"는 뜻으로, 동학이나 개벽파의 어휘로 말하면 '개벽한다'와 유사하다).

한편 박맹수는 교토포럼에서 고마쓰 히로시와의 만남을 계기로

---

73 조성환, 「공공철학의 관점에서 본 동학의 개벽사상 - '공공(公共)'과 '천인(天人)' 개념을 중심으로」(2017), 이후, 원광대학교 원불교사상연구원, 『근대 한국 개벽종교를 공공하다』, 모시는사람들, 2018에 「동학이 그린 공공세계」라는 제목으로 수록.

74 法者天子所與天下公共也(법이란 천자라 할지라도 천하와 함께 '공공하는' 것입니다). 『사기』「장석지열전」

처음으로 동학사상과 다나카 쇼조를 비교하였다(「'녹두장군' 전봉준과 다나카 쇼조의 '공공적' 삶」, 2013).[75] 오니시 박사의 연구는 이러한 일련의 선행연구의 연장선상에 놓여 있다. 전봉준 대신 동학의 창시자인 최제우를 비교 대상으로 삼아서 공공철학 또는 공공성의 관점에서 다나카 쇼조의 사상을 고찰하고 있다.

오니시 박사의 연구의 특징은 이러한 선행연구를 토대로 다나카 쇼조의 공공성을 근대성이라는 좀 더 넓은 역사적 지평 위에서 조망하면서, 최제우의 사상과 비교하였다는 점이다. 즉 다나카 쇼조를 '영성과 생명과 평화와 환경(자연)'을 중심으로 하는 '토착적 근대'를 지향한 사상가로 평가하고, 그가 추구한 공공성도 이런 점에서 서구적 공공성과 달랐으며, 이런 근대성과 공공성이 동학과 상통한다는 것이다.

다나카 쇼조에 대한 이러한 평가는, 오니시 박사도 지적하듯이, 이미 고마쓰 히로시에서 그 단초를 찾아볼 수 있다. 고마쓰 히로시는 다나카 쇼조를 '전통=근대형 민중사상가'라고 평가했는데, 여기에서 '전통=근대'는 기타지마 기신의 용어로 말하면 '토착적 근대'에 다름 아니기 때문이다(138쪽). 이러한 평가는 『다나카 쇼조의 근대』라는 고마쓰 히로시의 책의 제목에서도 읽어낼 수 있다. 이

---

75 박맹수, 『생명의 눈으로 보는 동학』, 모시는사람들, 2014에 수록.

제목에는 다나카 쇼조가 추구한 근대는, 후쿠자와 유키치 식의 서구적 근대가 아닌 토착사상을 바탕으로 한 토착적 근대라는 함축이 담겨 있다.

3. 생애와 운동

선행연구를 참고하여 필자 나름대로 다나카 쇼조의 일생을 시기별로 나누고, 각각의 특징을 잡아보면 다음과 같다.[76]

제1기(7~36세): 토착과 전통 학습기(1848~) - 나누시 생활
제2기(37~49세): 서구적 근대 수용기(1878~) - 자유민권운동
제3기(50~72세): 토착적 근대 모색기(1891~) - 공해반대운동

제1기는 전통사상(유교)과 토착종교(후지도)를 학습하면서 농촌 생활을 체험하는 시기이다. 7세부터 16세까지 서당에서 존황유학 (尊皇儒學)을 배웠고, 비슷한 시기에 후지도(不二道)라는 토착종교

---

76 오니시 박사는 제3기를 두 개로 나누고 있는데 여기에서는 편의상 하나로 합쳤다.

를 신앙하였다. 후지도는 평등과 도덕을 강조하는 민중종교로, 평생 동안 다나카 쇼조의 종교의식과 정신세계에 영향을 주었다고 여겨진다(68쪽).

17세부터는 부친의 뒤를 이어서 '나누시'가 되었는데, 나누시는 마을 농민을 관리하는 농민대표와 같은 직책이다. 다나카 쇼조는 나누시 시절, 영주의 지배정책과 수탈에 분개하여 일어난 나누시들의 항쟁에 참여했다가 체포되어 10개월 동안 감옥에 수감된 적이 있다(30-1쪽).

제2기는 서구근대사상을 수용하는 시기로, 후쿠자와 유키치 등의 영향을 받아서 서양근대의 계몽주의사상 및 자유민권사상을 접하였다. 이 시기부터 지방 의원이 되어 정치적 활동을 통해 공공을 위해 헌신하는 공공적 삶이 시작된다(12쪽).

제3기는 서구근대문명의 한계를 자각하면서 토착적 근대를 모색하는 시기로, 광산에서 나오는 광독으로 고통 받는 야나카마을 주민들을 위해 정부의 정책을 비판하면서 마을주민들과 함께 공해반대운동을 전개하였다.

다나카 쇼조의 사상은 이러한 사회적 운동을 통해서 형성되어 갔는데, 그중에서도 특히 제3기가 주목할 만하다. 굵직한 사건을 체험할 때마다 사상적 각성이 일어났는데, 그 첫 번째 계기는 1894년의 청일전쟁이었다.

4. 사상의 전환

오니시 박사에 의하면, 다나카 쇼조는 청일전쟁을 계기로 사상적으로 주목할 만한 세 차례의 기록을 남겼다(17쪽).

첫 번째는 1894년에 청일전쟁이 발발한 직후에 쓰여진 '국가는 정치적, 공공은 사회적'이라는 말이다. 이것은 오니시 박사에 의하면, 천황제 국가체제의 수립을 통해 공공을 독점하려는 정부의 움직임에 의문을 품고 '국가적 공공'이 아닌 '사회적 공공'을 모색하기 시작하였음을 시사한다(17쪽).

이와 유사한 생각은 러일전쟁이 발발하기 직전인 1903년에는 '야나카 (마을의) 문제는 러일 문제보다 더 큰 문제'라는 말로 표출되었다. 다나카 쇼조는 이듬해에는 아예 야나카마을로 이주하여 마을 주민들과 함께 마을을 수호하기 위한 비폭력 평화운동을 전개하기 시작한다. 오니시 박사는 이것을 '국가적 공공에서 사회적 공공으로의 실천적 심화'라고 평가한다(117쪽).

두 번째는 다음 해인 1895년에 쓴 종교적 각성에 관한 언급이다: "나는 1886년부터 1890년까지 졸고 있었다. 1890년부터 조금씩 깨어나서 1895년에 겨우 종교를 자각하게 되고, 다시 1886년 이전으로 돌아가서 정인(正人)이 되었다."(17쪽) 앞의 '공공은 사회적'이라는 말이 '사회적 공공'을 말하였다면, 이곳은 '영성적 공공'을 말한다고 할 수 있다.

세 번째는 그 다음 해인 1896년에 쓴 동학에 관한 평가이다: "동학은 문명적이다. 12개조의 규율은 덕의(德義)를 지키는 것이 엄격하다. … 녹두(전봉준)의 뜻은 종교로 근본적인 개혁을 꾀하고자 하였다. … 조선 백년의 대계를 정신부터 개혁하지 않으면 안 된다. 군대는 그것을 모르고 새싹을 짓밟았다. 애석하다….".("조선잡기」)[77]

이 평가에 대해 오니시 박사는 다음과 같이 해석하였다: "정부=국가에 의한 공공성 독점의 추세에 의심을 느끼고 사회적 공공, 즉 아래로부터의 공공을 모색하기 시작한 다나카가, 자신이 원래 지니고 있던 덕의를 중시하는 문명관의 담당자를 동학농민군에서 발견한 사건, 즉 종교로써 나라를 개혁하려는 새싹이 바로 동학농민군이고 '민'이었다는 사실을 발견한 사건이었다."(81쪽)

이 해석은 이 논문의 출발점인 "동학에 대한 다나카 쇼조의 찬사가 어떻게 해서 가능했을까?"에 대한 저자 나름대로의 대답이기도 하다. 즉 다나카 쇼조는 국가와 산업 중심의 '위로부터의 공공성'이 아닌 민중과 영성 중심의 '아래로부터의 공공성'을 지향하는 것

---

77 다나카 쇼조의 「조선잡기」에 나오는 동학 관련 부분의 전문 번역은 『개벽신문』 66호(2017.08)에 실린 〈동학의 사상과 한국의 근대 다시 보기-다나카 쇼조의 동학평가를 중심으로〉를 참고하기 바란다.

이 문명적이라고 생각하였는데, 그것의 구체적인 실천을 동학에서 발견한 것이다.

이후에도 다나카 쇼조는 또 한 번의 결정적인 사상적 전환을 경험하는데 이것을 선행연구에서는 '야나카학의 전환'(고마쓰 히로시) 또는 '가치관의 전환'(하나자키 코헤이)이라고 부른다. 그것은 공해와 홍수의 피해로부터 주민들을 지키기 위해 야나카 마을에 거주한 지 3년째인 1907년의 일이었다. 정부의 강제철거로 인해 파괴된 가옥의 남은 재목으로 만든 판잣집에서 홍수의 피해에도 불구하고 의연하게 지내는 민중들을 보고 커다란 충격을 받은 것이다(28쪽). 그 충격을 다나카 쇼조는 다음과 같이 표현하였다: "이 사람들의 자각은 신에 가까울 정도의 정신으로, 나는 별 수 없이 지내는 꼴입니다."(119쪽)

이때의 경험이 계기가 되어 다나카 쇼조는 민중에 대한 인식을 새롭게 하고, 그들을 이해하기 위한 노력을 시작하는데 이것을 '야나카학'이라고 명명하였다. 오니시 박사는 이때 다나카 쇼조의 민중에 대한 인식이 '교화의 대상'에서 '공공하는 주체'로 전환되었다고 평가하고 있다. 즉 '공공하는 주체로서의 민중을 발견'한 것이다. 그리고 이 이후에 '사회공공'(1909)이나 '공공민인'(1908)의 용례가 보이는 것은 이러한 변화를 말해준다고 분석하였다(120-121쪽). 고마쓰 히로시에 의하면 다나카 쇼조가 사용한 '공공'의 용례의 반

수 이상이 생애의 마지막 5년에(1907년 이후) 집중되고, 그 내용상도 질적인 차이를 보이는데(115쪽), 이 역시 사상의 전환과 무관하지 않을 것이다.

또한 하나자키 코헤이에 의하면, 이 시기에 다나카 쇼조는 강의 수량 조사를 하는 과정에서 자연과 대화를 하면서 '생명'의 눈으로 세계를 다시 보는 체험을 하고, 여기에서 사람과 자연을 모두 평등한 생명으로 보는 사상이 싹트게 된다(122-124쪽, 134쪽). 그렇다면 죽기 1년 전에 제시한 생태문명론은 이런 체험과 사상의 산물일 것이다. 말년에 이르러 동학의 생명사상과의 접점이 생긴 셈이다.

이상을 정리해 보면, 다나카 쇼조는 1894년과 1907년에 두 차례의 사상의 전환을 겪었는데, 1894년의 청일전쟁은 국가와 공공에 대한 인식의 전환을 가져왔고, 1907년의 야나카마을 체험은 민중과 생명에 대한 인식의 전환을 가져왔다고 할 수 있다. 1907년의 전환은 선행연구에서 이미 지적한 내용이지만, 1894년의 전환은 이번에 오니시 박사가 새롭게 발견한 것이다.

5. 일본의 개벽사상가

이상으로 오니시 박사의 논문을 중심으로 다나카 쇼조의 사상을 나름대로 정리해 보았다. 오니시 박사의 논문의 핵심은 다나카 쇼조의 사상을 '사회적 공공'의 모색과 확립 과정으로 분석한다는 점이다. 구체적으로는 1894년 청일전쟁을 계기로 '국가적 공공'과는 다른 '사회적 공공을 모색'하기 시작했고(2, 56, 81, 93, 112, 117쪽), 그로부터 10년 뒤인 1904년에 야나카마을에 이주하면서 '사회적 공공을 실천적으로 심화'시켰으며(117쪽), 마지막으로 1907년에 야나카마을에서 '공공하는 주체로서의 민중', 즉 사회변혁의 주체로서의 민중을 발견함으로서 '사회적 공공이 확립'되었다(120쪽)는 것이다.

개인적으로 오니시 박사의 논문은 읽으면 읽을수록 많은 생각을 하게 만드는 글이었다. 아마도 선행연구를 충실히 섭렵한 상태에서 한일 양국의 비중 있는 사상가를 다루었기 때문일 것이다. 가장 먼저 든 생각은 다나카 쇼조의 일생에 동학의 역사가 고스란히 담겨 있다는 것이다. 나누시 시절에 농민을 대표하여 영주에 항의한 점은 전봉준의 봉기를 연상시키고, 젊은 시절에 서구근대문명을 수용한 점은 천도교를 창시한 손병희와 유사하다. 또한 말년에 생명에 눈을 뜨고 생태문명론을 제창한 점은 한살림의 창시자 장일순과 닮아 있다. 그런 점에서 다나카 쇼조를 일본의 개벽사상가로 평가할 수 있을 것이다.

또한 다나카 쇼조가 젊은 시절에 신앙했다고 하는 후지도의 사상은 여러 면에서 동학과 유사하다. 가령 인간에게는 천(天)이라 불리는 '원래의 부모'가 있다는 사상(66쪽)은 최시형의 '천지부모' 개념과 상통하고, 그런 점에서 신분의 귀천과 차별을 인정하지 않는다는 평등사상(67쪽) 역시 최시형의 "하늘은 반상을 구별하지 않는다"는 사상과 흡사하며, 후지도의 원류인 후지코(富士講)의 창시자인 지키교 미로쿠(食行身祿. 1671-1733)가 1688년을 우주의 주재자가 교체되는 시기로 보았다는 점도(67-68쪽), 최제우의 '다시 개벽'의 역사관과 유사하다. 그런 점에서 후지도와 그것을 이은 마루야마교(丸山敎)나 오모토교(大本敎) 등을 일본의 토착적 근대의 사례로 볼 수 있을 것이다. 다만 일본의 경우에는 국가적 '공'이 너무나 강력하였기 때문에 이들 토착종교들이 동학처럼 세력을 떨치기는 어려웠다는 차이가 있다.

한편 고마쓰 히로시의 『다나카 쇼조의 근대』라는 책의 제목은, 동학으로 말하면 '최제우의 근대'라고 표현할 수 있다. 양자에는 개화파의 근대나 서구적 근대와는 다른 개벽파의 근대 또는 토착적 근대라는 함축이 담겨 있다. 다만 동학과의 차이가 있다고 한다면, 오니시 박사가 지적하듯이, 다나카 쇼조에게서는 최제우의 '하늘' 사상과 같이 고대로부터 전해져 내려온 일관된 토착 관념은 찾아보기 어렵다는 점이다(137쪽).

최제우의 하늘 관념은 고대로부터의 한국의 천학(天學) 전통을 잇는 것이다. 그것의 원형은 고대 한반도의 제천행사에서 찾을 수 있고, 그 후로 퇴계나 다산과 같은 사상가들의 언설 속에 숨어 있다가, 최제우에게서 정식으로 천도(天道)라는 이름으로 학문화되었다. 내가 생각하기에 다나카 쇼조가 162번이나 말한 '공공'은 동학이나 천도교로 말하면 '하늘'에 다름 아니다. 동학과 천도교는 토착 언어인 하늘로 표현한 것이고, 다나카 쇼조는 공공이라는 중국사상의 개념으로 표현했을 뿐이다. 표현은 다르지만 담고자 하는 내용은 크게 다르지 않다. 그것은 "민중이 주체가 되어 생명 중심의 평등한 세상을 연다"고 하는 개벽의 이념이었다.

나가며

철학의 독립과 사상의 창조*

하늘의 발견

1910년은 한국이 일본의 식민지가 된 해이기도 하지만, 한국인들이 자기 문화에 본격적으로 눈을 뜨기 시작한 해이기도 하다. 무엇보다도 '한글'이라는 명칭이 쓰이기 시작한 것이 이 무렵부터라는 사실이 그러하다. 그 이전까지는 언문(諺文)이나 조선문자(朝鮮文字)로 불렸다고 하는데, 언문은 비하하는 말로 알려져 있다. 반면에 한글이라는 말에는 한문에 전혀 뒤지지 않는, 아니 오히려 '더 큰 글자'라는 뉘앙스가 담겨 있다. 실학자인 박제가 한문공용어론까지 주장했다는 점을 감안하면 엄청난 변화라고 하지 않을 수 없다. 한국인들이 나라를 빼앗기자 비로소 자기 문화의 소중함을 자각하기 시작한 것이다.

---

* 이 글은 『동양일보』 2018년 8월 13일(월) 자에 실린 글이다.

비슷한 변화를 사상 분야에서도 찾아볼 수 있다. 1910년 8월 15일, 한일강제병합 조약이 맺어지기 일주일 전에 천도교기관지인 『천도교회월보』가 창간되었다. 그런데 이 해에 나온 『천도교회월보』를 보면, 我天(나의 하늘), 天心(하늘 마음), 天氣(하늘 기운)와 같이, 비록 한문으로 쓰이기는 했지만 하늘 개념을 사용하는 단어들이 부쩍 늘어나고 있다. 이것은 세상을 하늘이라는 관점에서 다시보고 있음을 시사한다. 마치 중국철학에서 도학(道學), 도덕(道德), 도리(道理), 도민(道民), 도성(道性), 도심(道心)과 같이 '도'라는 관점에서 세상을 보는 것을 연상시킨다. 중국적인 도학(道學) 패러다임에서 한국적인 천학(天學) 패러다임으로 전환을 시도하고 있는 것이다.

철학의 독립

『천도교회월보』의 '하늘' 용례는 그 이전의 동학 시대에 비해서훨씬 세분화되고 전문화되고 있다. 중국의 개념을 빌리지 않고 뭔가 자기 언어로 철학을 시도하는 느낌을 준다. 이런 느낌은 하늘이동사로 쓰이는 대목에 이르면 절정에 이른다: "내 마음을 하늘같이하고 내 기운을 하늘같이 한다(天我心天我氣)." 여기에서 "하늘같이 한다"는 사아(私我)를 끊고 공아(公我)로 나아가기 위한 조건으로 제시된다. 이기적이고 편협한 '나'에서 하늘같이 드넓고 열려 있는 '나'로 거듭나는 것이 "하늘같이 한다"이다.

여기에서 하늘은 수양의 궁극적 목표로 제시된다. 즉 하늘같이 되는 것이 인간이 도달해야 할 궁극적 지점인 것이다. 이러한 사상은 한국 역사의 곳곳에서 발견할 수 있다. 가령 단군신화에 나오는 곰이 동굴 속에서 인고하는 모습은 하늘같이 되고자 하는 수양의 과정으로 해석될 수 있다. 다석 유영모가 평생을 하늘을 명상하고 그리워하며 산 것도 하늘같이 되고 싶었기 때문이리라. 그래서 "하늘같이 한다"는 말에는 한국인의 '하늘지향성'(손기원)이 단적으로 드러나 있다. "하늘같이 한다"를 줄여서 '하늘한다'라고 개념화한다면, '하늘한다'는 마치 한글처럼 새로운 개념의 탄생이라고 할 수 있다. 이런 현상이 한글이라는 명칭과 동시에 발생했다는 점이 흥미롭다.

1945년 8월 15일, 『천도교회월보』가 창간된 지 35년 뒤에 한국은 일본으로부터 독립하였다. 그리고 본격적으로 근대화의 길을 걷기 시작했다. 서양에서 근대란, 과학혁명·정치혁명과 더불어 철학혁명의 시대로 알려져 있다. 인간이 신으로부터 독립하여 자신의 이성으로 세상을 보기 시작한 시대가 근대인 것이다. 그래서 흔히 근대를 열었다고 하는 데카르트의 주체 선언, "나는 생각한다, 고로 존재한다"는 일종의 '철학의 독립선언'에 다름 아니다. 마찬가지로 '하늘이 동사가 된' 1910년의 『천도교회월보』는 나에게는 일종의 '철학의 독립선언'처럼 보였다. 나라는 빼앗겼어도 생각은 지배당하지 않겠노라는 의지의 표명인 것이다. 물론 그 뿌리는 1860년의 동학 창도의 시점으로 거슬러 올라가지만-. 그런 점에서 한국철학은 1860년부터 이미 근대화의 길을 걷기 시작했다고 할 수 있다.

학파의 부재

동학과 천도교는 모두가 '하늘'을 철학의 궁극적 경지로 본다는 점에서 하나의 학파라고 할 수 있다. 그리고 그 이름은 '천도학파'라고 명명할 수 있다. 이들은 새로운 세상, 새로운 하늘을 여는 것을 '개벽'이라고 불렀는데, 이 개벽운동은 이후로 증산교, 원불교 등으로도 이어졌다. 즉 좁게는 천도학파이지만 넓게는 개벽학파인 것이다. 이때까지만 해도 학파가 살아 있었다. 나라를 빼앗긴 시기에 역설적으로 학파가 생겨난 것이다. 그런데 기이하게도 나라를 되찾자 학파는 희미해지고 말았다. 오늘날 한국의 철학계에서, 또는 인문학계에서 동학이나 개벽파와 같은 자생적인 학파가 있다는 말은 듣기 어렵다.

이와 관련해서 몇 년 전에 어느 학회에서 "오늘날 한국에는 왜 학파가 없는가?"라는 주제로 포럼이 열린 적이 있다. 조선시대에는 퇴계학파니 율곡학파니 할 수 있는 학파가 있었지만, 지금은 이런 것이 없다는 것이다. 이렇다 할 결론은 나지 않았지만, 지금 생각해보면 이렇게 물음을 바꿀 수 있을 것이다. "왜 오늘날 한국에는 학연만 있는가?"

물론 학파와 학연은 일치할 수도 있다. 그러나 학연만 있고 학파가 없다면, 학파의 탄생을 가로막는 것이 오히려 학연이나 학벌이 아닌가 하는 생각까지 든다. 학연은 학교와 학벌을 중심으로 뭉치지만, 학파는 문제와 학설을 중심으로 모인다. 시대에 대한 '물음'과 그것을 해결하고자 하는 '처방'이 학설을 낳고, 그것을 중심으로 자연스럽게 학파가 형성되는 것이다. 따라서 오늘날 한국의 철학계에 이렇다 할 학파가 없다면 그것은 배움(學)은 있는데 물음(問)이 없기 때문일 것이다. 물음에 대한 자기 나름대로의 답이 학설이나 사상으로 제시되는데, 애당초 물음이 없으니까 학설이나 사상이 나올 수 없는 것이다.

여기서 물음이 없다는 것은 문제의식이 없다는 의미는 아니다. 내가 생각하기에 한국인들은 문제의식이 아주 강하다. 사회에 대한 관심과 비판의식도 투철한 편이다. 다만 그것들을 근원적인 차

원으로까지 내려가서 질문의 형식으로 제시하지 못할 뿐이다. 그
래서 답이 안 나오는 것이다.

물음의 상실

한국인이 스스로 질문을 던지지 못하는 것은 답과 방법을 항상
밖에서 빌려왔기 때문이다. 여기서 밖이란 중국을 말한다(지금은
서양으로 바뀌었지만-). 그런데 1860년에 제2차 아편전쟁의 패배로
북경이 함락되자, 한국인들에게는 바깥이 사라지게 되었다. 『장
자』에 나오는 비유를 빌려 말하자면, 바람을 타고 다니던 열자(列
子)에게 바람이 없어진 것이다. 그래서 한국인들은 자신이 처한 상
황에 대한 답을 스스로 찾지 않을 수 없게 되었다. 그것이 바로 동
학이다. 여기서 '동'은 '우리나라'를 가리킨다. 그래서 동학은 지금
으로 말하면 한국학을 의미하고, 그것이 함축하는 바는 학문의 주
체가 중국의 성인이 아니라 한국인들 자신이 되었다는 뜻이다. 그
래서 성학(聖學)도 아니고 서학(西學)도 아닌 동학(東學)인 것이다.

문제는 독립이 되어 나라를 되찾자 다시 '밖'이 생기게 되었다는
점이다. 그것은 중국을 압도한 서양이다. 기존의 방식에 익숙한 사
람들은 이제 물음과 대답은 모두 서양에서 가져오기만 하면 되었

다. 과거의 술(述)의 전통이 부활한 것이다. 그래서 다시 물음이 사라지게 되었다. 성학(聖學)의 틀에서 해방된 지 100년도 채 안 되어 다시 서학(西學)의 틀로 재진입한 것이다. 1910년과 정반대의 상황이다. '나라의 종속과 철학의 독립'에서 '나라의 독립과 철학의 종속'으로-.

　이런 종속적 상황을 가장 잘 보여주는 것이 학술대회나 포럼 형식이다. 몇 년 전에 국내의 한 중앙일간지에서 주관하는 비즈니스 포럼에 참석한 적이 있다. 호텔에서 이틀간에 걸쳐 진행하는, 공식 참가비만 해도 100~200만 원에 달하는 고가의 포럼이었다. 우연히 무료 티켓을 얻어 참석하였는데, 그 진행 형식에 나는 그만 할 말을 잃고 말았다. 이틀 동안의 발표자는 모두 외국의 유명한 학자나 경영인으로 채워져 있고, 한국 교수가 하는 역할이란 고작 영어로 사회를 보면서 질문하는 정도였다. 나중에 이런 소감을 어떤 분에게 피력했더니 돌아오는 대답이 놀랍다. "외국의 저명한 학자들에게 '배우는' 것은 좋은 일이 아닌가요?" 참고로 이분은 국내 최대 기업의 전자회사에 다니는 중견 간부이다. 초일류기업에 다닌다는 간부조차 아직도 '배운다'[學]는 마인드가 강한 것이다.

　대학의 학술대회도 크게 다르지 않다. 가령 주제가 '정의'이면, 플라톤의 정의론, 아리스토텔레스의 정의론, 아니면 퇴계의 정의론, 율곡의 정의론 등을 논의하는 식이다. 특정 철학자의 연구자들이 나와서 그 철학자의 이론을 소개하고 발표하고 토론하면 끝이다. 청중들은 그것을 열심히 듣고 배우고 공부하고…. 그래서 한 번은 이런 질문을 던져본 적이 있었다: "선생님이 지금 말씀해주신 외국 철학자의 정의론이 오늘날 우리 사회에서 어떤 의미를 갖는지요?" 갑작스런 물음에 당황해하시는 모습이었다. 평소에 한 번도 생각해 보지 못한 물음이었기 때문일 것이다.

자기로부터의 물음

20세기 초에 서양의 중국학자들 사이에서 "왜 중국에는 근대 유럽과 같은 과학혁명이 일어나지 않았나?"라는 물음이 화두가 된 적이 있었다. 그러다가 20세기 중반에 죠셉 니담이나 앵거스 그라함과 같은 학자들이 물음의 형태를 달리했다. "왜 근대 유럽에서만 과학혁명이 일어났는가?"라고-. 전자가 부정적인 물음이라면 후자는 긍정적인 물음이다. 후자가 유럽의 개성이나 특성에 초점이 맞춰져 있다면, 전자는 유럽을 기준으로 한 중국의 단점이나 결점에 중점이 놓여 있다. 여기에는 다분히 유럽 우위적인 관점이 깔려 있다.

이러한 물음은 마치 "한국은 왜 일본보다 근대화에 뒤졌는가?"

나 "한국에서는 왜 일본과 같은 근대화가 일어나지 않았는가?"라는 물음과 유사하다. 이런 물음에 대해 애써 찾은 답이 이른바 '실학'이었다. 서구적 근대화의 맹아가 이미 있었는데, 일본의 방해로 좌절됐다는 것이다. 이것은 일종의 정신적 자기 위안이다.

실학 담론은 일종의 물음이기는 하지만, 그것은 바깥의 시선에서 던져진 물음이라는 점에서 태생적인 한계를 안고 있다. 즉 서양이나 일본을 기준으로 자신을 평가하고 있는 것이다. 그래서 이 물음을 니담이나 그라함과 같은 식으로 바꾼다면 이렇게 표현할 수 있을 것이다: "한국은 어떤 근대화를 하고자 했는가?"

이 물음의 중심축은 남이나 밖이 아니라 나나 우리에게 있다는 점에서 종래의 물음과 다르다. 즉 한국인은 서양이나 일본과는 다른 어떤 식의 근대화를 추구했는가에 초점이 맞춰져 있다. 이것은 해월 최시형 식으로 말하면 향벽설문(向壁設問)에서 향아설문(向我設問)이라고 할 수 있다. 벽으로 상징되는 바깥의 관점에서 물음을 던지는 것이 아니라 자기 자신의 관점에서 물음을 던지는 것이다.

이러한 물음은 얼마든지 던져질 수 있다. 가령 최근에 나온 오구라 기조 교수의 『한국은 하나의 철학이다』는 "한국인은 무엇을 지향하는가?"라는 물음에 대한 나름대로의 답이다. 여기에는 중국이나 일본 또는 서양과는 다른 한국 사회의 특성을 한국 자체의 '시각'에서 발견하고자 하는 노력이 담겨 있다.

반면에 한국학계에서 이런 식의 물음이 안 나오는 것은 항상 남의 시선에서 자기를 바라보기 때문이다. 그리고 그 시선 상에서 물음을 던지기 때문이다. 그 시선이 과거에는 중국에서 지금은 서양으로 바뀌었을 뿐, 밖에서 바라본 타자화된 자기라는 점에서는 근본적으로 다르지 않다. 남의 시선으로 세상을 바라보는 사람은 유행에 민감하기 마련이다. 한국의 인문학계가 서양 사조의 유행에 민감한 것은 이러한 이유에서이다.

'나'를 표현하는 소년들

최근에 전 세계적인 인기를 누리고 있는 K-pop 가수 중에 '방탄소년단'이라는 그룹이 있다. 영어로는 'BTS'라고 알려져 있는데, 올해에 권위 있는 빌보드 앨범 차트에서 1위를 하여 화제가 되었다. 처음에는 '방탄소년단'이라는 이름이 쌩뚱맞게 들렸는데, 그들의 노래를 듣고 춤을 감상하다 보면 점점 빠져 들게 된다. 여기에서 '방탄'(防彈)이란 '탄알을 막는다'는 뜻으로, '탄알'은 어른들의 편견과 사회적 억압을 상징한다. 전 세계의 젊은이들을 기성사회의 탄알로부터 막겠다는 것이 그들의 포부이다.

그래서 가사도 가히 충격적이다: "언론과 어른들은 의지가 없다며 우릴 싹 주식처럼 매도해. 왜 해 보기도 전에 죽어, 걔넨 enemy enemy enemy."(〈쩔어〉) 젊은이들을 매도하는 언론과 어른들을 '적'이라고 말하는 노래가 전 세계적으로 인기를 얻고 있는 것이다. 이것은 기성세대가 보기에는 매우 도발적으로 들릴지 모르지만 젊은이들의 입장에서는 사회에 대한 진지한 '물음'이다. 그 물음에 전 세계의 젊은이들이 공감하는 것이다.

그런데 흥미로운 것은 이들이 그냥 저항적이고 도발적이기만 한 것은 아니다. 나름대로의 답을 제시한다: "밤새 일했지 everyday. 니가 클럽에서 놀 때 yeah. 아 쩔어 쩔어 쩔어 우리 연습실 땀내. 봐 쩌렁 쩌렁 쩌렁한 내 춤이 답해. 난 희망이 쩔어. 하루의 절반을 작업에 쩌 쩔어."(〈쩔어〉) 이들은 사회적 편견에 굴하지 않고 자신들의 꿈과 희망을 성취하기 위해 노력하고 있다는 '도덕'을 말한다. 그런 의미에서 이들의 저항은 '도덕적 저항'이라고 할 수 있다. 이것이 그들 나름대로의 물음과 해답이다. 일종의 저항적 물음과 도덕적 해답이라고 할 수 있다.

한 번은 이들의 성공요인을 분석하기 위해서 어느 언론에서 종래의 K-pop 그룹들과 비교를 한 적이 있다. 그랬더니 흥미로운 결과가 나왔다. 다른 그룹들은 노래 가사에 '허니'나 '베이비'와 같은 밝고 귀여운 단어가 가장 많이 나왔는데, 방탄소년단의 가사에는 '나'라는 단어가 제일 많이 나온다는 것이다. 그리고 그것이 함축하는 의미를 '만들어진 아이돌'이 아닌 '자율형 아이돌'이라고 명명했다. 실제로 이들 소속사의 방시혁 대표는 한 인터뷰에서 자신은 방탄소년단을 '아티스트'로 대했다고 밝혔다. 여기서 '아티스트'는 기획사에 의해서 만들어진 아이돌이 아니라, 스스로 예술 활동을 하는 작가라는 의미를 담고 있다.

방탄소년단의 가사에 '나'가 제일 많이 나오는 이유는 여기에 있다. 이들이 '자기'를 표현할 수 있도록 기성세대인 소속사 대표가 환경을 만들어 주는 것이다. 그래서 이들은 유행에 민감하지도 않고, 남의 스타일을 흉내 내지도 않는다. 그냥 자신들의 생각과 감정을 자기 스타일대로 표현할 뿐이다. 그래서 그들은 '스스로' 성장할 수 있었고, 지금도 성장 중이다.

한국철학, 어떻게 할 것인가?

지금으로부터 35년 전쯤, 한 권의 책이 한국사회를 강타한 적이 있다. 당시 고려대학교 철학과 교수였던 김용옥 선생의 『동양학 어떻게 할 것인가』이다. 이 책을 시작으로 서양철학과 마르크시즘이 대세이던 한국의 인문학계에 동양학 붐이 일어났다. 젊은이들이 동양고전에 관심을 갖기 시작했고, 서점가에 『논어』나 『노자』

같은 중국고전이 자리를 차지하기 시작했다. 당시로서는 가히 상상하기 어려운 현상이었다.

그렇다면 이 책의 성공요인은 어디에 있었을까? 그것은 아마도 '어떻게'라는 '물음'과 그에 대한 구체적인 '방법'을 제시했기 때문일 것이다. 즉 우리의 문제를 우리의 시각에서 묻고, 그 물음에 대한 답을 자신의 관점에서 제시했기 때문이다. 이것은 기존의 철학에 대한 탁월한 해설이나 고전에 대한 간명한 설명과는 차원이 다른 접근이다. 해설이나 설명[述]이 아닌 현실문제에 대한 문답(問答)이기 때문이다.

그런데 문제는 그 다음 세대에게서 더 이상의 물음과 대답이 나오지 않았다는 점이다. 즉 '동양학 어떻게 할 것인가'의 다음 단계로서의 '한국학 어떻게 할 것인가'라는 물음이 던져지지 않은 것이다. 이것은 모처럼 서양에서 동양(중국)으로 우리의 시선을 전환시켜 놓았는데, 정작 동양(중국)에서 '자기'로의 시선 전환은 이루어지지 않았음을 의미한다. 그래서 우리의 시선은 여전히 서양과 중국 사이를 오가며 표류하는 신세를 벗어나지 못하고 있다. 설령 조선을 본다고 해도 그것은 조선 그 자체를 보기보다는 중국화된 조선 또는 서양화된 조선을 보고 있는 것에 다름 아니다.

그 결과 지금 우리에게 남아있는 것은 철학의 종속과 사상의 부재라는 부끄러운 현실이다. 오늘날 한국사회에서 '사상가'라고 인정할 만한 사람을 찾기는 어렵다. 철학자를 자처하는 사람은 있을 지 몰라도 사상가라고 부를 수 있는 사람은 드물다. 사상가가 부재 하다는 것은 한 사회를 이끌어갈 나침반이 부재하다는 것과 같다. 정신적 표류 상태가 계속되고 있는 것이다. 종속과 표류는 동전의 양면이다. 생각이 없는 것은 아닌데, 외부에 종속되어 있으니까 정 신이 방황하는 것이다.

우리는 이 곤경에서 어떻게 벗어날 수 있을까? 어떻게 하면 철학 의 종속 상태에서 벗어나서 우리에게 맞는 사상을 창조할 수 있을 까? 아마도 그 답은 '나'로부터의 진지한 물음에서 주어질 수 있을 것이다. 개벽파나 방탄소년단이 그랬듯이 말이다.

[참고문헌]

〈단행본〉

경기문화재단 실학박물관, 『동아시아 실학, 그 의미와 발전 I』, 경인문화사,
      2012.
김병제·이돈화 지음, 임형진 해제, 『천도교의 정치이념』, 모시는사람들,
      2015.
김용옥, 『독기학설』, 통나무, 2004(초판은 1990).
김익록 엮음, 『(무위당 장일순 잠언집) 나는 미처 몰랐네 그대가 나였다는 것
      을』, 시골생활, 2012.
김태창 저, 조성환 역, 『(일본에서 일본인들과 나눈) 공공철학대화』, 모시는사
      람들, 2017.
근대사연구회, 『한국 중세사회 해체기의 제 문제(상)』, 한울아카데미, 1987.
나카츠카 아키라 외, 『동학농민전쟁과 일본 - 또 하나의 청일전쟁』, 모시는사
      람들, 2014.
류병덕, 『원불교와 한국사회』, 시인사, 1986. 개정판.
마스다 무네아키 지음, 이정환 옮김, 『지적 자본론 : 모든 사람이 디자이너가
      되는 미래』, 민음사, 2015.
무위당을 기리는 모임 엮음, 『너를 보고 나는 부끄러웠네』, 녹색평론사, 2014.
박맹수, 『동경대전』, 지식을만드는지식, 2012.
박맹수, 『생명의 눈으로 보는 동학』, 모시는사람들, 2014.
박치완 외, 『지식의 역사와 그 지형도』, HUINE, 2016.
오구라 기조 저, 조성환 역, 『한국은 하나의 철학이다』, 모시는사람들, 2017.
오문환, 『동학의 정치철학: 도덕, 생명, 권력』, 모시는사람들, 2003.
원불교사상연구원, 『근대한국 개벽종교를 공공하다』, 모시는사람들, 2018.
이규성, 『최시형의 철학-표현과 개벽』, 이화여자대학교출판부, 2011.
이돈화, 『신인철학』, 천도교중앙총부, 1968.

이용포,『생명사상의 큰 스승 무위당 장일순』, 작은씨앗, 2011.

장일순,『무위당 장일순의 이야기 모음-나락 한 알 속의 우주』, 녹색평론사, 2017, 개정증보판.

지두환,『조선시대 사상사의 재조명』, 역사문화, 1998.

최종성『동학의 테오프락시 : 초기 동학 및 후기 동학의 사상과 의례』, 민속원, 2009.

한기두,『원불교 정전 연구(교의편)』, 원광대학교출판국, 1996.

후쿠자와 유키치 지음, 남상영・사사가와 고이치 옮김,『학문의 권장』, 소화, 2006.

히라이시 나오아키 저, 이승률 역,『한단어 사전 천』, 푸른역사, 2003.

小松裕,『'いのち'と帝国日本 : 明治時代中期から一九二〇年代』, 東京: 小学館, 2009.

小創紀藏,『朝鮮思想全史』,「實學と靈性」, 筑摩書房, 2017.

Donald Munro, The Concept of Man in Early China, Stanford University Press, 1969.

〈논문〉

기타지마 기신,「한국・일본의 근대화와 민중사상 - 아프리카의 관점을 중심으로」, 원광대학교 종교문제연구소,『한국종교』43, 2018.

김상봉,「파국과 개벽 사이 : 20세기 한국철학의 좌표계」,『대동철학』67, 2014.

김용휘,「천도교의 문화운동론과 서양철학 수용」,『한국사상사학회 제166차 월례발표회 발표문』, 2013.11.09.

박규태,「한국의 자생적 근대성과 종교: 하늘-이단-지도의 앎」,『종교연구』35, 2004.

박맹수,「한국근대 민중종교와 비서구적 근대의 길 : 동학과 원불교를 중심으로」,『원불교사상과 종교문화』33, 2006.

박맹수,「전봉준의 평화사상」,『통일과 평화』9집 1호, 2017.

박용덕,「경산연대기『조옥정백년사』」,『정신개벽』 6, 1988.

사사키 슌스케(佐々木集相)·카타오카 류(片岡龍),「일본과 한국에서의 '실학'의 근대화」,『한국종교』 43, 2018.03.

손기원,「경영의 새로운 패러다임 연구-한국적 경영을 통한 서구식 경영의 한계 극복 방안」, 성균관대학교 유학과 박사학위논문, 2009.

송성섭,「세종의 음악창제 - 세종의 신악과 정간보의 창제원리」, 서강대 철학과 박사학위논문, 2016.

오니시 히데나오,「다나카 쇼조와 최제우의 비교 연구-공공철학 관점을 중심으로」, 원광대학교 원불교학과 박사학위논문, 2018.

정용서,「천도교의 '교정일치론'과 현실참여」, 원광대학교 종교문제연구소 학술대회 자료집,『한국 신종교의 종교현상학적 조명』, 2016.06.

정인재,「실심실학연구서설(I)」,『신학과 철학』 14, 2009.

정향옥,「한국 신종교 개벽사상의 수행적 성격-동학·천도교·증산교·원불교를 중심으로」,『신종교연구』 34, 2016.

Richard Buchanan, "Design as a New Liberal Arts," The 1990 Conference on Design Education, Industrial Designers Society of America.

〈기타〉

가타오카 류, 〈청주와 안동과 센다이의 사이에서 생각한다 : '성스런 동경'에 의한 이어짐〉,『동양일보』, 2018.01.14.

곽병찬, 〈해월 추모비와 무위당의 통곡〉,『한겨레』, 2015.10.06.

기타지마 기신,「토착적 근대란 무엇인가」,『개벽신문』 58호, 2016.09.

기타지마 기신, 〈스즈키 다이세츠의 영성론과 현대적 의의〉,『동양일보』, 2017.08.13.

〈동아시아의 평화로운 미래 위해 과거 역사 마주하고 대화해야 : 기타지마 기신 일본 욧카이치대학 명예교수 인터뷰〉,『동양일보』, 2016.10.23.

〈원불교 마음공부회 김관진 교무 "타인의 분노·화 그대로 인정하는 것이 마음공부"〉,『한국일보』 2009.01.29.

길도훈, 〈비움의 감각〉, 『원불교신문』, 2013.5.24.

김태창, 〈한일학자간 영성개신 철학대화〉, 『개벽신문』62호, 2017.09; 63호, 2017.10.

박맹수, 〈2014년, 우리는 왜 '동학'에 집중해야 하나〉, 『원대신문』, 2014.03.30.

박맹수, 〈개벽의 선지자들〉, 『월간 원광』, 2015년 6~7월호.

〈동학의 사상과 한국의 근대 다시 보기-다나카 쇼조의 동학평가를 중심으로〉, 『개벽신문』66호, 2017.08.

양현수, 〈조송광의 수기 『조옥정백년사』〉, 『원불교신문』, 2016.04.15.

이문재, 〈동학사상은 생명사상〉, 『시사저널』, 1994.10.20.

이병한, 〈동학은 '농민 전쟁' 아닌 '유학 혁명'이다! [동아시아를 묻다] 2014: 갑오년 역사 논쟁〉, 『프레시안』, 2014.01.20.

이병한의 「요가와 쿵푸가 만나면 세상이 바뀐다 : 프라센지트 두아라와의 대화」, 『프레시안』, 2015.09.01.

이병한, 〈'脫중국 쇄국정책'? 망국의 첩경이다: [유라시아 견문] 逆세계화, 新세계화, 眞세계화〉, 『프레시안』, 2017.03.24.

이상길, 〈박재일과 한살림〉, 『한국농어민신문』, 2015.08.21.

「한·중·일 젊은 세대들의 대화와 세대간 대화 : 한·중·일 회의II - 동아시아의 새로운 미래를 함께 연다」의 〈첫 번째 발제와 관련 대화〉, 인터넷판 『동양일보』, 2016.10.16.

[찾아보기]

한국 근대의 탄생

등록 1994.7.1 제1-1071
1쇄 발행 2018년 11월 25일
2쇄 발행 2020년 3월 25일

지은이 조성환
펴낸이 박길수
편집장 소경희
편   집 조영준
관   리 위현정
디자인 이주향
펴낸곳 도서출판 모시는사람들
       03147 서울시 종로구 삼일대로 457(경운동 수운회관) 1207호
전   화 02-735-7173, 02-737-7173 / 팩스 02-730-7173
홈페이지 http://www.mosinsaram.com/

인   쇄 천일문화사(031-955-8100)
배   본 문화유통북스(031-937-6100)

값은 뒤표지에 있습니다.
ISBN 979-11-88765-29-4   03150

이 도서의 국립중앙도서관 출판예정도서목록(CIP)은 서지정보유통지원시스템
홈페이지(http://seoji.nl.go.kr)와 국가자료공동목록시스템(http://www.nl.go.
kr/kolisnet)에서 이용하실 수 있습니다. (CIP제어번호: CIP2018035093)